A Reencarnação e Você

MANUAL PRÁTICO

A Reencarnação
e Você

MANUAL PRÁTICO

LEILA BRIGHT

A Reencarnação e Você

MANUAL PRÁTICO

Tradução
PAULO MAURÍCIO VERUSSA

EDITORA PENSAMENTO
São Paulo

Título do original:
Reincarnation and You

O autor e a Editora não assumem a responsabilidade pelo modo como os leitores interpretam as informações contidas neste livro; os leitores se comprometem a assumir os riscos relacionados à prática dos exercícios.

Copyright © 1997 Leila Bright.

Originalmente publicado em inglês por Hodder and Stoughton Ltd.

Todos os direitos reservados. Nenhuma parte deste livro pode ser reproduzida ou usada de qualquer forma ou por qualquer meio, eletrônico ou mecânico, inclusive fotocópias, gravações ou sistema de armazenamento em banco de dados, sem permissão por escrito, exceto nos casos de trechos curtos citados em resenhas críticas ou artigos de revistas.

O primeiro número à esquerda indica a edição, ou reedição, desta obra. A primeira
dezena à direita indica o ano em que esta edição, ou reedição, foi publicada.

Edição	Ano
1-2-3-4-5-6-7-8-9	00-01-02-03-04-05

Direitos de tradução para a língua portuguesa
adquiridos com exclusividade pela
EDITORA PENSAMENTO LTDA.
Rua Dr. Mário Vicente, 374 – 04270-000 – São Paulo, SP
Fone: 272-1399 – Fax: 272-4770
E-mail: pensamento@cultrix.com.br
http://www.pensamento-cultrix.com.br
que se reserva a propriedade literária desta tradução.

Impresso em nossas oficinas gráficas.

Agradecimentos

A Sue Hart, Linda Miles e Lucy Purkis.

Sumário

Introdução 9

Capítulo 1 Perspectivas da reencarnação 17
Pontos de vista do Ocidente 18
O Oriente 23

Capítulo 2 As evidências e o desafio dos céticos 29
Depoimentos 30
Acesso a depoimentos 30
Estudo de caso — Sara 33
Casos que chegaram ao conhecimento da mídia 38
Crianças 39

Capítulo 3 Vidas anteriores a esta vida 43
Três benefícios decorrentes da recordação de vidas passadas ... 44
Estudo de caso — Martin 44
Estudo de caso — Mary 45
Estudo de caso — David 46
Estratégias de auto-ajuda para trazer vidas passadas à
    consciência 48
Técnicas de auto-hipnose para recordar vidas passadas 54

Capítulo 4 Terapia de regressão a vidas passadas 59
Marisa, Graeme e Mary 61

8   A REENCARNAÇÃO E VOCÊ

Capítulo 5 Morte – desta vida para o desconhecido 77
Experiências de morte e experiências de
quase-morte (NDEs) 79
Estudo de caso — John e Gloria 83
Morte: o aprendizado do Oriente 85

Capítulo 6 Vidas futuras 89
O karma e as vidas futuras 89
Podemos prever vidas futuras? 90
Como o contato com vidas futuras pode ajudar nesta vida? 97

*Capítulo 7 Perguntas que você tem de fazer, respostas que
você precisa receber* 101

Leituras complementares 107

Introdução

Minha doutrina é: Vive para que teu pleno desejo de voltar a viver – que é teu dever – viva novamente sempre que esmoreceres!

Nietzsche, *Eternal Recurrence*

Você acredita em uma vida após esta? Nesse caso, que tipo de vida? Você está preparado para considerar a possibilidade da reencarnação? É sobre isso que trata este livro — um guia prático para trabalhar com suas vidas passadas, sua vida atual e suas vidas futuras, buscando alguns objetivos claramente definidos, incluindo:

- tornar melhor esta vida;
- aliviar o medo da morte;
- tornar vidas futuras melhores.

Mas, antes de iniciar o trabalho prático, precisamos responder: *O que é reencarnação?* E avaliar o que não é reencarnação.

O que é reencarnação?

Há muitas idéias diferentes sobre como devemos responder à pergunta: *O que me acontecerá após a morte?* A reencarnação é um modo de responder a esta pergunta. Acreditar em reencarnação é acreditar que:

10 A REENCARNAÇÃO E VOCÊ

- cada um de nós tem algo único — alma, espírito, energia vital, continuidade da consciência unitária, psique — denomine-se como quiser;
- esse algo único é distinto do corpo material (humano) que ocupa como alma, espírito ou vivificando-o;
- esse algo único pode ter existido em outros corpos (humanos) no passado, antes de ter nascido neste corpo atual;
- ele poderá introduzir-se em outros corpos no futuro, após a morte de seu corpo hospedeiro atual.

Para evitar uma grosseira repetição, irei chamar esse algo único por seu nome grego: *psique*. Isso não implica qualquer dado em particular sobre a natureza desse algo — por exemplo, se é uma substância continuamente existente ou uma consciência unitária continuamente existente —, mas pretende evitar a bagagem cultural e religiosa contida na palavra *alma*.

Você deve estar se perguntando sobre a natureza do relacionamento entre a psique — seja ela o que for — e o corpo material que ela ocupa. Essa questão, em um ou outro aspecto, tem sido analisada por filósofos na tradição do Ocidente, desde os tempos mais remotos. E não existem respostas fáceis.

De acordo com os objetivos deste livro, colocarei de lado questões como o que é precisamente a psique e sobre como se relaciona com o corpo material. Você pode pensar na reencarnação de um modo prático — como trabalhar com vidas passadas e futuras para a cura e o desenvolvimento — sem ser necessariamente capaz de responder a nenhuma dessas questões teóricas.

Você irá notar que especifiquei como a reencarnação envolve uma psique animando diferentes corpos *humanos* em tempos distintos. Algumas pessoas acreditaram, e ainda acreditam, que a psique pode animar diferentes tipos de corpos — humanos, animais e vegetais — em momentos diferentes. Acreditar nisso é acreditar numa versão da reencarnação muitas vezes chamada de transmigração. Estudaremos a doutrina da transmigração no Capítulo 1.

O que a reencarnação não é

Vimos que a teoria da reencarnação é um esforço para responder à pergunta: *O que me acontecerá quando eu morrer?* Muitas outras teorias têm se desenvolvido, as quais também tentam responder a essa questão. É importante compreender que acreditar em reencarnação não é acreditar que, após a morte:

- sua psique e uma espécie de cópia do espectro do corpo que ocupou nesta vida continuarão a existir em uma esfera espectral, que é um tanto semelhante ao mundo ordinário;
- seu corpo será ressuscitado e reunificado à sua psique, provavelmente num momento distante no futuro e, possivelmente, num local específico neste mundo;
- seu corpo irá se deteriorar, mas sua psique sobreviverá e continuará a existir em uma esfera não-material ou espiritual.

Essas crenças sobre o pós-vida são todas relativamente conhecidas no Ocidente. A crença na reencarnação — isto é, que uma psique pode habitar mais do que um corpo em épocas diferentes — não é tão conhecida.

Uma brincadeira perigosa?

Algumas vezes, os ocidentais tratam a reencarnação como uma brincadeira — boa para uma conversa à-toa, "Acho que te conheço de uma vida passada", ou para um *slogan* publicitário: *"Corra: seu espírito pode vagar pela Terra quando você morrer"* (*slogan* da *Nike*) — e nada mais. Algumas vezes, essas pessoas são expressamente hostis à idéia, porque elas também:

- têm objeções religiosas — nesse caso, elas podem imaginar que se trata de uma noção espiritualmente perigosa;

- pensam que "seja eu o que for, estou inextricavelmente ligado às minhas circunstâncias presentes: biológicas, históricas, econômicas, etc.";
- rejeitam a distinção entre o corpo material e a psique imaterial, imaginando, em vez disso, que tudo o que somos pode ser reduzido ao material, e que a morte será a aniquilação.

Um dos subtemas deste livro, especialmente nos Capítulos 1 e 2, é sugerir estratégias para responder à hilaridade, hostilidade ou ceticismo com que você poderá deparar se propuser o tema da reencarnação numa conversa.

Talvez a estratégia mais óbvia seja salientar que os ocidentais podem achar bizarra a idéia da reencarnação; mas, para milhões de pessoas no Oriente, ela é a base de sua vida religiosa, cultural e cotidiana. No Oriente, é bastante comum acreditar que as pessoas nascem, vivem e morrem muitas vezes; que um dado indivíduo foi certa vez um homem, outra vez uma mulher, uma vez bom e outra vez mau, através de um processo de muitas vidas. É claro que a crença de milhões de pessoas em algo não torna essa crença verdadeira. Mas isso sugere que a crença envolvida é ao menos merecedora de pesquisa. Observaremos, detalhadamente, o ponto de vista oriental no Capítulo 1, mas um conceito oriental é tão fundamental à questão da reencarnação que devemos considerá-lo agora.

Karma

Eu já disse que dois dos objetivos deste livro são mostrar como nós podemos trabalhar com vidas passadas, a vida presente e vidas futuras para aperfeiçoar esta vida e tentar assegurar que nossas vidas futuras sejam melhores do que esta. Que espécie de mecanismo pode nos capacitar a realizar isso? A resposta é o *karma* — a lei moral da causa e do efeito.

O conceito de karma é freqüentemente malcompreendido no Ocidente, e é importante dizer a princípio que o karma não está

INTRODUÇÃO 13

primordialmente relacionado à punição. É também importante ressaltar que não apenas pessoas são individualmente kármicas — pode haver karma conjugal, karma familiar, karma nacional, etc. Nós também existimos em uma rede desses vários karmas; aqui devemos estar interessados principalmente em karmas individuais. Mas, por favor, lembre-se de que isso que dissemos é bastante simplificado.

O que é karma? A palavra vem da raiz *Kri*, que significa "agir". As ações são causas que têm resultados. Os resultados por si mesmos tornam-se causas que produzem resultados... e assim por diante, numa cadeia repetitiva. Essa simples observação é a idéia básica que está por trás do karma.

Num certo nível, o karma assegura que toda ação que cada um de nós realiza resultará numa resposta equivalente em algum momento. Em outro nível, crenças sobre o karma e sobre a reencarnação estão inextricavelmente associadas — o karma é o princípio moral que governa a sucessão de nascimentos, vidas, mortes e renascimentos. A finalidade dessa série e do karma é uma espécie de evolução espiritual. Depois de sucessivas vidas, cada um de nós evolui em direção a algo semelhante a um estado de perfeição moral e espiritual. Uma vez que a pessoa atingiu esse estágio, sua psique existe num estado não-corporificado de bem-aventurança no qual, na verdade, está eliminada em algum sentido complexo.

Assim, no Oriente, é lugar-comum a pessoa acreditar que as circunstâncias de sua vida atual estão diretamente relacionadas, via karma, com ações e eventos vividos durante vidas passadas, e que, via karma, decisões tomadas no presente terão influência em suas vidas futuras.

É importante dar-se conta de que o karma não permanece fixo. Cada um de nós é inteiramente responsável por seu próprio karma. Cada um de nós é capaz de modificar seu karma e, assim, afetar o modo como o passado irá manifestar-se no presente e o modo como o presente se manifestará no futuro. Nos capítulos seguintes, esse discernimento será explorado a fundo: nos Capítulos 3 e 4, estaremos procurando maneiras de dissolver o karma que atualmente está

14 A REENCARNAÇÃO E VOCÊ

se manifestando problemático, e no Capítulo 6 procuraremos maneiras pelas quais podemos nos certificar de que no futuro o karma irá manifestar-se, em geral, beneficamente.

Resumo

Nesta introdução, fixei alguns dos objetivos práticos de se trabalhar com suas vidas passadas e futuras. Considerei o que é a reencarnação e o que não é. Acreditar em reencarnação é acreditar que cada um de nós nasce, vive e morre diversas vezes; algumas vezes como homem, outras como mulher, algumas como uma pessoa boa, outras como uma pessoa má. Não é acreditar na ressurreição do corpo, ou num pós-vida imaterial.

Exercícios
Meditação sobre ações e conseqüências

Voltamos agora ao discernimento inicial do karma. Iremos explorar a cadeia repetitiva da ação como causa, que se torna conseqüência e que passa a ser causa.

Pense em alguma ação que você realizou na semana passada. Para simplificar as coisas, tente se certificar de que é uma ação moralmente neutra. Você pode pensar em algo como a compra de um novo casaco ou a organização de um jantar dançante. Quais foram as conseqüências de sua ação escolhida? Teve uma conseqüência, ou muitas? Como essas conseqüências por si mesmas passaram a ser causas e quais foram as conseqüências dessas causas? Vamos tomar a compra de um casaco como exemplo: ela resultou no esvaziamento do seu bolso? Ou teve sentido pelo fato de o seu parceiro a ter cumprimentado pelo seu bom gosto? Ou implicou ambos? Se você ficou de bolso vazio, isso exigiu que você trabalhasse algumas horas extras ou que cortasse as últimas compras? Se o seu parceiro a cumprimentou, você tomou isso como uma oportunidade para insinuar palpites sobre seu lamentável senso estético? Quais foram os resultados dessas conseqüências-causas? Como a cadeia continuou? Como ela deverá prosseguir no futuro?

Use este exercício em duas ou três ações. Pensando todos os dias sobre ações moralmente neutras que estão confinadas no presente, podemos começar a estabelecer uma impressão sobre como a lei do karma opera na esfera moral e como deverá operar ao longo do tempo.

1
Perspectivas
da reencarnação

Os etíopes dizem que seus deuses são negros de nariz curto e achatado; os trácios dizem que os seus têm olhos azul-claros e cabelos vermelhos.

Xenófanes

Iremos agora nos armar com alguns instrumentos úteis para enfrentar os céticos, mostrando que há uma tradição séria, consistente e segura sobre a crença na reencarnação. Primeiro, iremos observar algumas crenças historicamente importantes e especificamente ocidentais e, logo depois, vamos nos voltar aos conceitos orientais contemporâneos.

Uma breve exposição como essa inevitavelmente não atende a algumas perspectivas importantes. Por exemplo, crenças sobre reencarnação têm sido importantes no continente africano. Muitas religiões africanas retratam a crença de que a alma pode deixar o corpo após a morte, para renascer como algum integrante do reino animal — pássaro, inseto, homem, mamífero ou réptil.

Pontos de vista do Ocidente

Os gregos

Pitágoras

Algumas pessoas que ajudaram a formar a cultura ocidental de fato consideraram a reencarnação com muita seriedade. Pitágoras de Samos (570-497 a.C.) foi um sábio grego antigo que mostrou a afinidade entre toda forma de vida, a imortalidade e a transmigração da psique. Com seus seguidores, tanto homens quanto mulheres, ele viveu simplesmente; sua meta era viver em harmonia com o divino. Para isso, ele prescreveu um sistema de purificação que incluía restrições alimentares, períodos de silêncio, contemplação e outras práticas ascéticas.

Pitágoras acreditava que o mundo é vivo e que os planetas são deuses. Assim como no universo os eventos ocorrem em ciclos sucessivos, o mesmo aconteceria no estágio humano: há em nós um elemento que está relacionado com o universo e é eterno. Esse elemento divino e imortal é a psique. Com a morte do corpo, a psique passa a outro corpo, humano ou animal — a famosa doutrina da transmigração.

A psique, como elemento interno mais importante em uma pessoa, requer alimento para assegurar não apenas paz nesta vida, mas também uma melhor encarnação em vidas futuras. Esses objetivos podem ser atingidos conduzindo-se a alma a uma harmonia com a divina ordem do cosmos. Entretanto, assim como a psique reside em um corpo, ela precisa ser libertada das perturbadoras e corruptíveis influências desse corpo, que é visto como uma prisão da qual a psique deve escapar, atingindo continuamente reencarnações superiores e culminando em um estado de divindade.

O modo de vida pitagórico, claramente definido, demandava não apenas pureza ritualística, para libertar a psique da contamina-

PERSPECTIVAS DA REENCARNAÇÃO 19

ção do corpo, mas também padrões éticos elevados. A crença na semelhança entre toda vida, como requer a crença na transmigração, impôs uma grande responsabilidade moral perante outras pessoas e uma atitude respeitosa para com todas as formas de vida nas quais a psique poderia se incorporar. O respeito por todas as formas de vida promove o vegetarianismo, e os pitagóricos eram de fato vegetarianos.

Pitágoras asseverava sobre si mesmo que uma vez foi o herói homérico Euforbo, e exortou seus discípulos a recordar suas próprias vidas passadas. É interessante notar que, mesmo na Antigüidade, a crença na reencarnação/transmigração da psique algumas vezes era encarada como uma brincadeira — o poeta-filósofo Xenófanes, citado no início deste capítulo, zombou de Pitágoras alegando ter reconhecido a voz de um amigo quando ouviu o ganido de um cachorrinho que estava sendo maltratado.

Platão

Platão era um filósofo atuante na primeira metade do século IV a.C. Ele foi um dos mais influentes filósofos que já viveram, e a exposição que segue é inevitavelmente uma simplificação. Mas eu espero que seja suficiente para instigar o leitor a querer ler o seu livro *Fédon*. *Fédon* é um brilhante diálogo que dá um papel de estrela a Sócrates, um filósofo de verdade, cujos ensinamentos radicais levaram à sua execução em 399 a.C. O diálogo se dá nas poucas horas que precedem a morte de Sócrates. Um grupo de amigos reúne-se para discutir suas idéias sobre a imortalidade da psique.

Como Pitágoras, Platão acreditava que o corpo é um tipo de prisão. Em *Fédon,* o argumento sustenta a promessa de que a psique do filósofo que devota sua vida à busca de sabedoria, na morte ficará completamente livre das coerções e contaminações do corpo; daí que não seria necessário Sócrates alimentar qualquer medo diante da morte.

Essa é a feliz sina dos filósofos. Mas, e em relação a nós? Platão não está envolvido nessa questão, mas ele parece conjeturar a

20 A REENCARNAÇÃO E VOCÊ

alternância entre estados encarnados e desencarnados para os que não podem cultivar a sabedoria e, conseqüentemente, libertar-se de um ciclo sem fim de nascimento, morte e renascimento.

Em um certo ponto, Platão faz Sócrates expor a idéia de que os opostos vêm de opostos e que há processos cíclicos entre quaisquer pares de opostos. Isso provavelmente assemelhava-se a uma maneira natural de pensar numa sociedade ainda amplamente governada por ciclos naturais. Pensar em plantar uma semente aparentemente morta e observar um verde broto crescer. Pensar no modo como o inverno se segue ao outono. Pensar no crescimento e no minguar da Lua. Simples observações como essas provavelmente provêm do pensamento de que a vida surge da morte.

Formulemos a questão nestes termos: as almas dos homens mortos estão no Hades ou não? Uma antiga doutrina diz que elas estão lá, nele entrando a partir deste mundo, e para aqui voltam e renascem da morte. Se assim é, se os vivos renascem dos mortos, nossas almas certamente teriam de existir naquele mundo? Porque elas poderiam simplesmente nascer de novo, caso não existissem.

Efetivamente, Sócrates *assume* na passagem acima a idéia da reencarnação para estabelecer a sua posição — a imortalidade da psique. Um pouco à frente no diálogo, amigos observam que Sócrates estabeleceu apenas que a psique existia *antes* do nosso nascimento, e que ele ainda precisa mostrar que ela existirá *depois* de nossa morte. Sócrates lembra-lhes a principal investida do argumento cíclico:

Isso já foi provado... tudo o que está vivo vem do que está morto. Porque, se a alma tem uma existência anterior quando inicia uma vida, tendo nascido, ela deve surgir de nenhuma outra fonte que não seja morrer e estar morta. Ela deverá por certo existir após sua morte, dado que deverá nascer de novo.

PERSPECTIVAS DA REENCARNAÇÃO 21

Em ambas as passagens citadas, Sócrates usa a noção de reencarnação como parte de seu argumento. Pouco antes da conclusão de *Fédon*, ele também induz essa idéia num contexto mítico:

Agora diz-se que, quando um homem morre, o espírito encarregado dele enquanto estava vivo leva-o a um certo lugar, onde as pessoas reunidas devem submeter-se a um julgamento, e então partem para o Hades com o guia designado para conduzir as pessoas deste mundo para o outro; e quando lá elas tiverem conhecido o que precisam conhecer, e depois de terem estado lá pelo tempo requerido, outro guia as carregaria de volta para cá durante muitos e longos ciclos de tempo.

Uma idéia inaceitável

O que aconteceu ao conceito de reencarnação depois da Antigüidade? Os gregos, obviamente, eram pagãos, e seu pensamento sucumbiu gradualmente à emergente religião da Cristandade (mas também ajudou a formá-la). Em seus primórdios, a Igreja não era hostil às idéias sobre a reencarnação. No entanto, as doutrinas e atitudes gradualmente enrijeceram, enquanto a nova religião formava seu próprio e distinto conjunto de crenças. A possibilidade de que cada um de nós poderia viver muitas vezes entrou em conflito com as idéias em desenvolvimento sobre o divino e a salvação. Por muitos séculos, o interesse pela reencarnação desapareceu no Ocidente. Mas foi brevemente reavivado na Europa medieval.

Os cátaros

Os cátaros eram uma seita cristã herética que prosperou, principalmente na França, nos séculos XII e XIII. Na metade do século XII eles organizaram uma igreja com seus próprios bispos, uma liturgia e um sistema de doutrinas. Eles acreditavam que há dois princípios ou forças — um bom, o outro mau —, e que o mundo material ao nosso redor é mau. As pessoas são alienígenas, viajantes estranhos neste mundo; então, cada um de nós deve ter como objetivo libertar a sua psique — que é boa — e restaurar sua comunhão com Deus.

Os cátaros dividiam-se em dois grupos: os "perfeitos" e os "crentes". Os perfeitos eram colocados à parte dos crentes por uma cerimônia de iniciação, e esperava-se que renunciassem asceticamente ao mundo — havia regras estritas para jejuns, incluindo proibições de que se alimentassem de carne; as relações sexuais também eram proibidas.

Por causa de sua crença no malefício da matéria, os cátaros não podiam aceitar a doutrina do Velho Testamento sobre a criação. Eles criticaram o materialismo e a corrupção da Igreja — como era em seu tempo — e permitiram que as mulheres se tornassem instrutoras religiosas, acreditando que homens e mulheres eram semelhantes, porque apenas a psique importava. As diferenças entre corpos masculinos e femininos seriam uma ilusão.

Os cátaros também acreditavam na reencarnação. Embora não tivessem nenhum conhecimento das teorias orientais do karma, desenvolveram uma noção não muito diferente sobre a evolução espiritual. Em seus esquemas dualistas do bem e do mal, do real e do ilusório, dos perfeitos e dos crentes, havia a crença de que as pessoas tinham muitas chances para evoluir à realidade plena, isto é, até a completa comunhão espiritual com Deus. Esse não era um estado que pudéssemos atingir em apenas uma vida; a perfeição só poderia ser atingida gradualmente, depois de muitas vidas. A pessoa deveria encarar nesta vida contratempos morais que poderiam ser superados na próxima.

As crenças dos cátaros se chocaram com os fundamentos dos ensinamentos religiosos ortodoxos e das instituições políticas da época. A Igreja e o Estado uniram-se para atacá-los. Massacres em larga escala sucederam-se; os cátaros foram brutalmente perseguidos e exterminados em uma cruzada. "Como poderíamos conhecer os cátaros?", diz-se que perguntou um soldado enquanto o exército se

PERSPECTIVAS DA REENCARNAÇÃO 23

preparava para saquear outra cidade. "Matem-nos todos, Deus conhecerá por Si", foi a resposta. Muitos cátaros foram queimados vivos, outros foram arremessados de precipícios ou atirados em poços, com pedras amarradas no pescoço para mantê-los bem no fundo.

Resumo

Esse breve sumário da história das idéias sobre a reencarnação no Ocidente deverá oferecer, aos que menosprezam toda a idéia, motivos para pensar. Mesmo que esteja errada, esta não é uma idéia tola, e também não é uma banalidade. Mesmo na nossa parte do planeta, as pessoas viveram sob sistemas de crenças que envolviam a reencarnação, e algumas se preparam para morrer por elas. Nós agora nos voltamos para o Oriente, para culturas onde as crenças sobre reencarnação formam parte de uma tradição viva.

O Oriente

Perspectivas contemporâneas

Embora existam diferenças significativas — tanto quanto as diferenças entre Islamismo e Cristianismo — entre Hinduísmo, Janismo, Budismo, Xintoísmo e Sikhismo, todas essas crenças incluem o karma.

Crenças contemporâneas sobre karma e renascimento constituem parte de uma rede extremamente complexa de conceitos e princípios condutores, assim como os conceitos cristãos sobre a salvação são parte de uma rede enormemente complexa. Como vimos na Introdução, o karma é importante num sentido prático. É por meio do karma que podemos nos libertar das amarras deste mundo de ignorância e sofrimento. Considerações éticas tornam-se proeminentes, porque cada um de nós carrega nas próprias mãos o poder de se libertar, um poder incutido nas nossas atividades diárias e comportamentos. Para lidar com isso, a parte moralmente importante da pessoa deve recordar, prestar testemunho e aprender com cada uma de suas sucessivas vidas. E é por isso que acreditar no renascimento é tão fundamental e também explica por que, pelo karma, podemos trabalhar com vidas passadas para aperfeiçoar esta vida, e usar esta vida para aperfeiçoar vidas futuras.

A despeito do crescente número de ocidentais convertidos às crenças orientais, tudo isso é freqüentemente malcompreendido no Ocidente, especialmente por pessoas que, categoricamente, rejeitam a noção da reencarnação. Mas podemos tentar acreditar na idéia básica de que a responsabilidade moral persiste entre vidas, mesmo que nós não entendamos profundamente como isso pode acontecer. Seria de grande valia salientar aos céticos que a crença na reencarnação em sua aparência não é mais estranha do que crenças em idéias religiosas conhecidas que são igualmente difíceis de se compreender, como a Trindade.

Budismo Tibetano

O Budismo Tibetano teve um particular impacto no Ocidente, em parte por causa da política envolvida — o Tibete agora é dirigido pelos chineses de Beijing, e sua tradicional cultura é severamente reprimida. Hoje, o Dalai Lama, líder espiritual dos tibetanos, vive e ensina no exílio. Ocidentais preocupados com a liberdade política dos tibetanos mantiveram contato com eles, e com eles aprenderam a tradição religiosa. Uma conhecida característica do Budismo Tibetano é o modo como o Dalai Lama é escolhido.

Quando o Dalai Lama morre, uma busca é feita pela sua reencarnação em uma criança, ou *tulku* — esse procedimento está estabelecido na doutrina tibetana. Alguns sinais são observados — desde a localidade em que o tulku será encontrado — e um grupo oficial é enviado para encontrá-lo. Eles devem levar consigo objetos que pertenceram ao último Dalai Lama; o tulku será capaz de reconhecer esses pertences infalivelmente quando oferecidas opções de escolha entre objetos semelhantes. Por exemplo, o atual Dalai Lama esco-

PERSPECTIVAS DA REENCARNAÇÃO 25

lheu o rosário do Dalai Lama precedente e com esse rosário dançou ao redor da sala, também escolhendo o tambor e a bengala do Dalai Lama que o precedeu.

Visto que este é um exemplo concreto, explicar como o Dalai Lama é escolhido pode ser uma boa maneira de tentar dissuadir a dúvida de que se deva ou não atentar à noção de reencarnação com seriedade. Uma das maiores tradições espirituais do mundo escolhe seu líder desse modo; como céticos ocidentais podem estar tão certos de que ela seja desencaminhada?

A escolha do Dalai Lama ilustra diretamente o modo como os budistas acreditam na ligação entre morte e renascimento — o Dalai Lama morre, reencarna no tulku. Morte e vida são de particular significado nas visões orientais, porque são integradas ao ciclo de renascimento e, então, diretamente conectadas ao nascimento em si. Mais exatamente, em vez de um fim, a morte é o evento na cadeia das causas e dos efeitos que conduz ao renascimento. É importante morrer bem, e viver com consciência da morte. Discutiremos essas idéias com grande profundidade no Capítulo 5.

Resumo

Se as pessoas rirem de você pelo fato de você encarar a reencarnação com seriedade, você pode chamar a atenção delas para o fato de que a reencarnação não é só uma doutrina que historicamente merece apreço mas que é também parte de uma importante tradição viva. Isso pode ser difícil de ser entendido, mas não é só. Isso deverá ser suficiente para desfazer a hostilidade. Mas desfazer a hostilidade não é o mesmo que convencer. Há alguma evidência convincente para que as pessoas aceitem a idéia da reencarnação? Esse será o tema do Capítulo 2.

Exercícios

Se você pudesse ter em mãos uma cópia do *Fédon* de Platão, seria uma leitura bastante valiosa. Este exercício convida-o a meditar sobre uma das analogias utilizadas em *Fédon*. Cebes, que está argumentando *contra* a imortalidade da alma, a compara a um tecelão que tece muitos mantos:

> *O que tem sido dito, penso eu, parece como se alguém pudesse oferecer este argumento sobre um homem – um tecelão que morreu em idade avançada – para mostrar que esse homem não morreu, mas existe intato em algum lugar, como evidencia o fato de que o manto que teceu para si mesmo, e que estava usando, continuava intato e não pereceu. E se alguém dele duvidasse, perguntaria que espécie de objeto ou criatura tem vida mais longa, um homem ou um manto em constante uso e desgaste; e se fosse respondido que o homem vive muito mais, poderia pensar que teria sido provado que o homem estaria vivo, observando que algo que tinha vida mais curta não pereceu. Contudo [...] isso não é assim. Porque esse tecelão, embora tenha tecido e vestido muitos desses mantos, a despeito de seu grande número, permanecia vivo, presumivelmente, antes do último; mas nem por isso um homem vem a ser inferior, ou menos resistente, que uma roupa.*

Reflita sobre as perguntas abaixo:

1. Até que ponto é forte a analogia de Cebes entre a psique e um tecedor de mantos? Em quais aspectos é uma boa analogia e em quais é falha? Como a analogia se encaixa à idéia da reencarnação?
2. Algumas linhas depois da passagem citada, Cebes argumenta que, quando a alma perecesse, estaria usando justamente a última roupa tecida (assim como eram), e sua destruição precederia só a dessa roupa. O que você diria disto como

argumento? Novamente, como ele se encaixa na idéia da reencarnação?

3. Que outras analogias você pode imaginar para a psique? Em qual aspecto elas são boas analogias e em qual são falhas?

2
As evidências e o desafio dos céticos

Somente a razão pode nos convencer destas três verdades fundamentais...
Aquilo em que acreditamos não é necessariamente verdadeiro; aquilo de que
nós gostamos não é necessariamente bom; todas as questões estão abertas.

Clive Bell

Os céticos podem tornar-se mais simpáticos às idéias sobre reencarnação aprendendo algo sobre sua história e relevância contempo-
rânea, mas é improvável que sejam convencidos. Eles irão pedir
evidências para que isso aconteça. Então nós iremos investigar agora
a natureza e a força das evidências da reencarnação. Evidências da
reencarnação são diferentes de evidências de um pós-vida. Evidências de pós-vida provêm de várias fontes. Por exemplo, de relatos de
experiências de quase-morte (NDEs, *Near-death Experiences* — veja
Capítulo 5), notícias de fantasmas e relatos de mediunidade, que
falam de bem fundamentados encontros entre a vida e a morte. Com
exceção das experiências de quase-morte, não iremos investigar esse
tipo de evidências, concentrando-nos somente nas evidências da reencarnação.

É importante darmo-nos conta desde o início de que a verdade
ou a falsidade das crenças na reencarnação não podem ser atesta-
das, e de que cada um de nós deve ter acesso às evidências para ver

se, pessoalmente, as considera convincentes. As evidências não são científicas por sua natureza — não dependem de medições, pesos, classificações ou de estatísticas. Dependem preferencialmente de testemunhos pessoais.

Depoimentos

Os depoimentos são relativamente pouco valorizados na nossa sociedade, devido à predominância das provas que se baseiam no que é mensurável: no que pode ser pesado, quantificado, etc. Isso pode ser visto, por exemplo, na maneira como relatos pessoais da eficácia de medicamentos alternativos tendem a ser desacreditados por muitos médicos, e no modo como relatos pessoais de indígenas sobre visões de animais desconhecidos pela ciência, como o Yeti, tendem a ser negligenciados pelos zoólogos. Essas observações não pretendem ser anticientíficas; apenas um tolo negaria o modo fascinante e espantoso como os métodos científicos têm feito progredir o nosso conhecimento acerca do mundo e do nosso lugar nele; mas igualmente é arrogância gratuita rejeitar completamente outros tipos de evidências.

Nossa tendência a subvalorizar depoimentos não significa que estamos certos agindo assim, e todos, mesmo os mais confiantes em sua visão de mundo, provavelmente estariam dispostos a admitir que seria válido explorar relatos pessoais sobre vidas passadas, ou previsões de vidas futuras, para tentar ver se há realmente algo de concreto no que dizem. Obviamente, algumas pessoas se recusariam categoricamente a aceitar depoimentos como provas da reencarnação. Nesse caso, não existem muitos pontos para argumentar com eles; seria como clamar num deserto.

Acesso a depoimentos

Se achamos que depoimentos podem ser reconhecidos como provas, então precisamos estar conscientes de como podemos ava-

AS EVIDÊNCIAS E O DESAFIO DOS CÉTICOS

liar seus pontos fortes e fracos – ou, de outro modo, os céticos iriam nos descartar julgando-nos ingênuos.

Embora nós não possamos trabalhar facilmente sem considerar que em geral as outras pessoas estão dizendo a verdade nas nossas conversas diárias, nós, apesar disso, ponderamos constantemente sobre a veracidade daquilo que os outros estão nos dizendo, em graus mais altos ou mais baixos de consciência. Quando temos acesso a narrativas sobre reencarnação, ou de outros fenômenos pouco familiares, precisamos usar simplesmente os mesmos métodos, e ser apenas um pouco mais explícitos sobre o que estamos fazendo. Aqui estão algumas questões com as quais devemos nos armar. Você pode pensar em outras, se quiser:

- Essa pessoa tem algum motivo para mentir para mim, tentando deliberadamente me enganar? Nesse caso, quais seriam esses motivos? Está ele ou ela tentando me trapacear por algum motivo óbvio, como extorquir dinheiro, conseguir trabalho ou ganhar o meu voto? Essas razões são improváveis de se aplicar a relatos de vidas passadas e futuras – raramente haverá alguma vantagem obtida por mentiras relacionadas com a regressão a vidas passadas ou previsão de vidas futuras.
- A história que essa pessoa está me contando é consistente? Por exemplo, se ela fala, num certo momento sobre nunca ter sido capaz de gerar filhos, mas depois menciona um filho de 18 anos, então algo suspeito está acontecendo. Isso não é o mesmo que dizer que a pessoa está tentando deliberadamente trapacear. Veja a seguir.
- Detalhes da história entram em conflito com fatos que eu conheço sobre o mundo? Por exemplo, se ele ou ela diz que quase morreu logo depois de uma operação, e que precisou de três transfusões de sangue, cada uma de quase meio litro, trata-se de uma quantidade pouco provável de sangue, segundo o que sabemos do corpo humano. De novo, é provável que a pessoa não esteja planejando deliberadamente enganar. Veja a seguir.
- Por mais detalhada que seja a história – poderia eu checar os detalhes? Por exemplo, se ele ou ela descreve um lugar, uma pes-

soa ou um evento desconhecido para mim, eu poderia checar as descrições mediante livros de referência, fatos históricos ou fotografias? Poderiam outras pessoas verificar o que a pessoa disse? Essa atenção em checar detalhes muitas vezes pode ser bastante importante no acesso a narrativas sobre vidas passadas. É claro que não podemos verificar tão facilmente detalhes sobre o futuro. No entanto, seria estimulante se muitas pessoas independentemente fornecessem relatos semelhantes.

- Essa pessoa é vulnerável à manipulação de outrem? Há alguém colocando idéias em sua cabeça? Em caso afirmativo, por quê? Novamente, essas são questões importantes no acesso a relatos sobre reencarnação, especialmente quando memórias de vidas passadas são descobertas por terapeutas especializados na regressão a essas vidas, que devem ter seus próprios motivos, relacionados com posição profissional, possível remuneração ou o que seja, para deliberadamente induzir os clientes; ou ainda, que possam ligar-se a seus clientes numa espécie de fantasia ilusória. (Para mais informações, veja o Capítulo 4.).
- Se alguém conta casos de lembranças de uma vida passada, ou previsões sobre uma vida futura e passa em todos os testes acima — não tem uma razão óbvia para mentir, conta uma história consistente, fornece detalhes ricos que podem ser checados e não está sendo manipulado por outra pessoa, há, então, nesse caso, alguma explicação alternativa para o que ele ou ela disse, além da constatação de que ele ou ela esteja realmente se lembrando de detalhes de uma vida passada ou prevendo uma vida futura? Por exemplo, o que a pessoa diz está obviamente baseado no trecho de um livro ou de um filme conhecido? Ou você tem alguma razão para pensar que a história pode estar baseada num livro ou filme menos conhecido, provavelmente há muito esquecido? Nesse último caso, pode ser bastante difícil localizar esse tipo de falsa memória — algumas vezes chamada de criptoamnésia —, mas você precisa estar atento a essa possibilidade. Assim como nos outros casos, a pessoa não deve estar tentando enganá-lo deliberadamente. Veja a seguir.

AS EVIDÊNCIAS E O DESAFIO DOS CÉTICOS   33

- Essa pessoa tem alguma razão para forjar uma fantasia sobre a própria vida só para se iludir? Em maior ou menor grau, isso pode se aplicar a cada um de nós, e a maioria de nós provavelmente não poderia sobreviver sem algumas fantasias desse tipo. Entretanto, essa tendência é uma das que devem ser lembradas quando se trata de relatos sobre reencarnação.
- Essa pessoa é dessas que gostam de ser notadas adotando um papel de estrela num drama pessoal? Mais uma vez, isso pode ser aplicado a cada um de nós, em certas circunstâncias, mas é algo que deve ser levado em conta quando se tem acesso a depoimentos sobre reencarnação.

E, finalmente, uma pergunta sobre seu próprio estado mental:

- Tenho alguma razão oculta para querer acreditar no depoimento? Em caso afirmativo, lembre-se de que você não deverá ser tão crítico quanto poderia ser se não tivesse nenhum desejo escondido para acreditar no depoimento. Existem boas razões para que se queira acreditar na reencarnação: ela nos oferece a esperança de que iremos sobreviver à morte e de que, depois da morte, não iremos nos separar das pessoas amadas. Não é exclusividade sua querer se agarrar a essas esperanças, mas devemos nos lembrar disso e de como elas podem ser capazes de afetar nossas faculdades críticas quando estamos empenhados em avaliar a evidência da reencarnação.

Estudo de caso — Sara

Até agora temos nos ocupado em avaliar evidências de modo abstrato. Agora é o momento de nos voltarmos para um exemplo concreto e submeter o trecho de um depoimento a um exame minucioso.

No início dos anos 90, Sara era uma mulher jovem, feliz e sociável, vivendo numa família estável, nas redondezas de uma cidade industrial no centro da Inglaterra. Havia sido bem-sucedida na escola, tinha um largo círculo de amigos e estava iniciando seu primeiro emprego como compradora estagiária numa loja de departamentos. Mas então começou a ficar retraída e deprimida, evitando os amigos e perdendo todo o seu brilho. Isso continuou por mais de um ano.

Rosemary, mãe de Sara, interessava-se pela medicina alternativa. Ela levou Sara a alguns terapeutas, um quiroprático, um homeopata, etc, mas nada parecia dar certo. Então um conhecido sugeriu a terapia de regressão a vidas passadas. Essa era a primeira vez que Rosemary ouvia falar no assunto. Ela pensou que seria válido tentar, e persuadiu a filha a acompanhá-la a um terapeuta.

Rosemary teve uma tia muito querida que morrera jovem na metade dos anos 50. Ela nunca havia falado a Sara sobre essa tia. Durante várias sessões guiadas pela terapeuta de vidas passadas, Sara começou a se lembrar de acontecimentos da vida de uma mulher chamada Edith. Rosemary passou a suspeitar que essa era a sua tia.

Sara descreveu a cidade em que ela morava do modo como apareceu durante uma blitz. Ela viu prédios em chamas e ouviu o som de sirenes, e era capaz de descrever detalhadamente uma região da cidade que havia sido destruída.

Ela se lembrou de ter beijado um jovem chamado Tom, a quem descreveu com detalhes, e de ter dançado com ele.

Rosemary sabia que essa tia não havia se casado, mas não conhecia nada sobre a sua história romântica. Seu tio, o único irmão ainda vivo de Edith, explicou que a irmã certa vez esteve comprometida, mas que seu noivo – Tom – havia sido assassinado numa expedição à África do Norte. Depois de muita procura, ele encontrou uma foto desbotada de Tom e Edith. Todos ficaram espantados com a exatidão da descrição que Sara havia feito de Tom.

Logo, todos se convenceram de que Sara estava se lembrando de fatos da vida de Edith. Mas, por quê? Se esse era um caso de reencarnação, qual seria a força que estava por trás dele? Com a orientação do terapeuta, descobriu-se que a vida de Edith tinha sido marcada pelo desgosto e que ela estava ligando a vida de Sara a uma relação mal resolvida.

AS EVIDÊNCIAS E O DESAFIO DOS CÉTICOS

O pesar de Edith ligava-se ao fato de que seu companheiro havia morrido jovem e de que ela nunca teve filhos, embora desejasse muito ser mãe. Viver como Sara dava-lhe a oportunidade de ter contato novamente com o amor – possivelmente até de reencontrar Tom – e tornar-se mãe. Paradoxalmente, e de modo bastante incompatível com esses objetivos, sua preocupação era com o bem-estar de Sara – "alguém tem de tomar conta da criança", ela disse. Ela queria que Sara se afastasse dos amigos e dos perigos da sociedade.

O terapeuta, Sara e Rosemary perceberam que poderiam trabalhar juntos para ajudar Edith a resolver a dor de haver perdido seu amor e de nunca ter criado seus próprios filhos, e para mostrar a ela que sua atitude superprotetora em relação a Sara era inoportuna. Retirar-se do mundo não era o caminho para uma garota que já era quase uma mulher.

Rosemary foi capaz de reassegurar a Edith que ela havia sido dotada de qualidades para ser mãe, e que tinha sido amada pelas crianças, se não por seus próprios filhos, ao menos por seus sobrinhos e sobrinhas, que davam muito valor ao seu amor e a seus conselhos.

Sara conseguiu explicar que agora era uma jovem adulta responsável, que deveria tomar conta de si mesma e traçar seu caminho no mundo – mesmo que isso significasse cometer erros. O fato de Sara estar inteiramente convencida de que no futuro também queria ter filhos ajudou. Ela não teve nenhum problema com essa parte da psique que herdou.

Depois de mais algumas sessões de terapia, Sara percebeu que sua depressão diminuíra, sentiu-se capaz de juntar-se aos amigos mais uma vez e dedicou-se às aspirações de sua vida, conseguindo rapidamente uma promoção no trabalho e logo encontrando um namorado. Agora que, conscientemente, lembrou-se dos eventos de sua vida como Edith, eles nunca mais dominaram a sua vida como Sara, e a depressão nunca mais voltou. Sara estava pronta para deixar o passado para trás, ir adiante e construir a sua própria vida.

Agora vamos considerar algumas objeções céticas a esse estudo. Tente imaginar outras objeções ou respostas diferentes das citadas abaixo.

36 A REENCARNAÇÃO E VOCÊ

Objeção Rosemary é, obviamente, uma mulher desnorteada. Veja o modo como ela tende a fazer uso de terapias alternativas. Sua filha é uma adolescente. É fácil perceber que elas são facilmente impressionáveis e cheias de fantasias.

Resposta Por que é irracional explorar terapias alternativas, e que peso isso pode ter na clareza ou, senão, no pensamento de Rosemary sobre outros temas? Por que a juventude de Sara a impediria de pensar racionalmente sobre a sua situação, suas causas e possíveis soluções?

Objeção Sara e Rosemary só estão querendo parecer importantes e dramatizar seus problemas.

Resposta Muitas pessoas gostam de dar um toque dramáticos às suas vidas, isso as leva a exagerar tudo o que acontece com elas no intuito de dar a tudo um efeito dramático. Poderia ser este o caso — mas a história de Edith não tem esse cunho dramático. Edith levava uma vida comum, um tanto triste e solitária. Que drama poderia ser tirado disso?

Objeção Sara ficou sabendo de detalhes da vida de Edith, se não pela mãe, pelo tio-avô. Ela viu fotos da cidade em que Edith morava em chamas. Ela não estava se recordando de lembranças autênticas. Em vez disso, estava lembrando detalhes do que lhe havia sido dito e do que viu e absorveu subconscientemente, embora conscientemente tivesse esquecido de tudo.

Resposta Mesmo que Sara tivesse visto fotos da cidade em chamas e estivesse descrevendo algumas dessas imagens, ela não poderia nunca ter descrito os prédios que havia visto com essa precisão de detalhes. A própria Rosemary não se recordava de alguns dos detalhes descritos por Sara. O tio de Rosemary não tinha visto a fotografia que confirmou a descrição de Tom feita por Sara há muitos e muitos anos. Sara muitas vezes ouviu relatos sobre momentos e fragmentos da vida de Edith, mas certamente não com os detalhes de suas lembranças.

AS EVIDÊNCIAS E O DESAFIO DOS CÉTICOS

Objeção O terapeuta é simplesmente um manipulador, um explorador, e quer extorquir dinheiro de pessoas que estão um tanto confusas.

Resposta É verdade que você precisa ser cuidadoso ao escolher um terapeuta de regressão psíquica (veja mais sobre o assunto no Capítulo 4), e que esses terapeutas devem ser responsabilizados. Mas por que eles deveriam ser motivados pela maldade, em vez de o serem por um verdadeiro desejo de ajudar?

Objeção O terapeuta pode acreditar que está verdadeiramente ajudando, mas, subconscientemente, está guiando Rosemary e Sara na direção que, como terapeuta, ele deseja — os três estão enredados numa espécie de ilusão coletiva.

Resposta Terapeutas são conscientes da necessidade de estar alertas para imprimir um rumo às suas perguntas de acordo com os dados que lhe são oferecidos pelos clientes. O terapeuta não tem como saber da existência de Edith, ou de detalhes de sua vida, não podendo portanto incutir essas lembranças na consciência de Sara.

Objeção A depressão de Sara passou porque ela esteve no centro das atenções. Todo esse estardalhaço teve um tipo de efeito placebo; suas lembranças não tinham nada que ver com reencarnação, com Edith ou com a possibilidade de Edith resolver uma vida passada.

Resposta Por que sugerir o efeito placebo quando há uma explicação perfeitamente consistente para a recuperação de Sara? Por que essa recuperação demorou tanto? Se Sara estivesse meramente clamando por atenção, ela entraria em depressão novamente logo após o término das sessões de terapia. É importante notar que, mesmo que Sara não estivesse de fato se lembrando da vida de Edith, a terapia que recebeu certamente a ajudou. Importa se chamarmos isso de efeito placebo? Depois da terapia, Sara reconstruiu sua vida — isso é o que importa e foi o que se conseguiu.

Objeção Esse não é um caso de reencarnação, mas de possessão ou obsessão.

38 A REENCARNAÇÃO E VOCÊ

Resposta Algumas pessoas podem seguir essa linha de pensamento, porque Sara sentiu que Edith estava realmente na sua presença, ou nela, em vez de sentir-se como se estivesse revendo fatos da vida de Edith enquanto estava em estado hipnótico (veja Capítulo 4). Algumas vezes pode ser difícil compreender precisamente o que está acontecendo quando pessoas falam sobre experiências de vidas passadas; mas isso não quer dizer que as experiências não sejam válidas, ou que não devêssemos tentar deslindar todas as possibilidades.

Você pode ver como esse tipo de sessão de perguntas e respostas pode se desenvolver, e como pode ser um instrumento valiosíssimo para se chegar às comprovações. De todo modo, você irá atingir um ponto em que ou estará convencido da verdade ou de que nunca o convencerão. Sejam quais forem as conseqüências, você terá ao menos mostrado aos céticos que está preparado para usar critérios racionais quando em contato com a evidência.

Casos que chegaram ao conhecimento da mídia

Todos os anos, alguns casos referidos como de regressão a vidas passadas viram manchetes de jornais e notícia em programas de televisão por alguns dias ou semanas. Eles provocam muita discussão — às vezes um tanto mal-humorada, com céticos rindo dos argumentos ou insultando as pessoas por um motivo ou outro. E os que estão dispostos a acreditar ficam perturbados até perceberem que essa hostilidade é injustificada. Os métodos utilizados acima podem ser aproveitados para estudar esses casos que são explorados pela mídia, e podem ao menos manter a discussão em bases razoáveis.

Crianças

Casos nos quais crianças dizem lembrar-se de vidas passadas são comuns no Oriente, onde todos acreditam em reencarnação, e não são desconhecidos no Ocidente. Algumas vezes essas histórias são citadas como provas da reencarnação. Entretanto, é sempre preciso ter cuidado. Há considerações éticas que nascem na mente quando se discute sobre vidas passadas com crianças. Elas normalmente são mais suscetíveis do que a maioria dos adultos em aceitar idéias de outros sem críticas. Crianças ocidentais podem ficar ansiosas caso surja a possibilidade de estarem se recordando de memórias desconectadas numa sociedade que geralmente não aceita que isso possa acontecer. Elas podem ficar confusas quanto à sua identidade se pensarem que estão tomando a identidade de outra pessoa — especialmente se estiverem vivendo numa sociedade que não ofere-ce contexto para essas idéias. Por esses motivos, entre outros, este livro não discute o que se entende por evidência em crianças, e não há estudos de caso sobre crianças.

Resumo

Neste capítulo, nos familiarizamos com a natureza das evidên-cias de reencarnação e com o modo como elas podem ser estuda-das. Observamos algumas maneiras de escrutinar as provas, tanto em casos abstratos como em casos concretos. No Capítulo 3 deixare-mos de lado essa preocupação de responder aos desafios céticos para começar a considerar as conseqüências práticas de se trabalhar com vidas passadas.

Exercícios

Aqui tomamos práticas mais avançadas para se estudar depoimentos. Embora agora o depoimento não esteja relacionado com a reencarnação, a idéia é aguçar a sua capacidade crítica para ajudar na argumentação sobre vidas passadas e futuras.

Pegue uma edição recente de um jornal — qualquer publicação irá servir. Escolha uma notícia sobre algo que você não tenha conhecimento pessoal — talvez o relato de um golpe político num país distante ou algo sobre corrupção nos altos escalões, ou a narrativa de separação de um casal de estrelas do mundo artístico — qualquer coisa que se apresente como uma apresentação verídica dos fatos.

Agora, pergunte a si mesmo:

1. Esse jornal tem alguma tendência política consistente? Alguns jornais são conhecidos pelo seu posicionamento de esquerda, outros por serem de direita. Seu jornal é um desses? Sendo assim, teria essa tendência afetado o modo como o assunto que você escolheu foi noticiado?
2. A notícia traz citações? Em caso afirmativo, você acha que o jornalista deturpou as palavras do entrevistado? Por quê? Teria o entrevistado um interesse oculto em apresentar determinado ponto de vista sobre os fatos? Como isso pode ter afetado o modo como a notícia foi redigida?
3. Você acha que o jornalista teve total acesso a todos os fatos? Caso contrário, por que não houve esse acesso e como isso pode ter afetado a redação da notícia?
4. A notícia deixa você com perguntas sem respostas — coisas que você realmente gostaria de saber, mas que não foram apuradas por alguma razão?

Embora o contexto seja bastante diferente, esses são os tipos de perguntas que os céticos irão fazer sobre reencarnação. Você terá de optar por apresentar a eles evidências baseadas em depoimentos. Você precisa pensar antecipadamente em como irá lidar com eles.

3 Vidas anteriores a esta vida

Nosso nascimento é um sono e um esquecimento:
A alma que conosco ascende, nossa estrela da vida,
Teve em outro lugar sua composição,
E mais longe sua aparição...

Wordsworth, *Sugestões da Imortalidade*

Neste capítulo, passaremos a considerar o primeiro dos três principais objetivos relacionados na Introdução: Como podemos trabalhar com vidas passadas para tornar melhor esta vida?

Se a reencarnação é uma realidade, então cada um de nós tem provavelmente a experiência de muitas encarnações; e lembranças das últimas encarnações estão escondidas profundamente na nossa psique, para serem trazidas à consciência com a ajuda de técnicas especiais.

Por que desejaríamos fazer isso? Por que iríamos querer recordar os eventos de vidas passadas? Quais são os nossos objetivos para fazer isso?

A resposta é melhorar esta vida e preparar o caminho para vidas futuras melhores. Há muitas maneiras de se melhorar esta vida trabalhando com vidas passadas. A seguir estão três benefícios comuns; sem dúvida você será capaz de pensar em outros.

Três benefícios decorrentes da recordação de vidas passadas

Benefício 1

A lei do karma, ou das causas morais e seus efeitos ao longo do tempo, explica que nesta vida estamos tendo a chance de reparar erros que cometemos em vidas passadas, permitindo-nos evoluir na nossa jornada espiritual, tanto durante esta vida como durante as que virão.

Estudo de caso — Martin

Martin está na metade de seu trigésimo ano. Vive em Londres e trabalha como programador de computadores num banco. Por muitos anos sentiu a vida ser invadida por um doloroso sentimento de culpa – uma culpa sem motivo, que não parecia ter nenhuma ligação com fatos ou circunstâncias da sua vida. Ele também era atormentado por pesadelos que pareciam desenrolar-se nas trincheiras da Primeira Guerra Mundial. Algumas vezes, os sonhos continham eventos de aspectos relativamente comuns – homens compartilhando um cigarro ou preparando chá. Outras vezes, caracterizavam-se por momentos aterrorizantes de pânico, como quando os homens se amontoavam atrás das trincheiras ou corriam para se proteger em algum abrigo. Finalmente, começou a suspeitar de que seus sonhos estavam ligados a essa sensação de culpa e começou um sistemático programa de auto-hipnose para averiguar essa hipótese. Martin logo passou a ter um forte sentimento de que ele próprio havia combatido na Primeira Guerra Mundial e, além disso, de que tinha dado um tiro na própria perna enquanto se protegia de um ataque inimigo. Ninguém suspeitou do que ele havia feito e ele ficou inválido, não podendo continuar na frente militar. Assim, enquanto muitos de seus companheiros morriam em terríveis circunstâncias, ele sobrevivera para voltar para casa e retomar as aspirações

VIDAS ANTERIORES A ESTA VIDA 45

de sua vida. Depois da guerra, ele viveu tranqüilamente e morreu vítima de uma doença, com 62 anos. Durante essa vida tranqüila, ele nunca havia superado a sensação de culpa pelo que fizera. Agora, Martin gradualmente começou a entender que no decorrer de sua vida atual ele estava tendo a chance de começar a lidar com essa culpa, usando isso como uma vantagem positiva. Como resultado de sua compreensão, Martin começou um trabalho voluntário num asilo. Isso deu a ele um sentimento de valor e de objetivo, do qual antes ele se esquivara.

Benefício 2

Na nossa vida atual podemos estar nos confrontando com bloqueios emocionais não resolvidos que podem ser amenizados ou eliminados com o aprendizado sobre vidas passadas, libertando-nos dos limites de padrões recorrentes e destrutivos.

Estudo de caso — Mary

Mary, uma australiana de vinte e poucos anos que vive em Melbourne, tinha grande dificuldade para estabelecer relações amorosas por causa de seu exagerado medo da rejeição. Com a ajuda de um terapeuta, ela trouxe à consciência memórias de uma vida passada como homem numa corte européia, durante o Renascimento. Nessa vida, ela se lembrou de ter tido outro homem como amante – um homem mais velho com grande poder na corte. Eles tiveram uma apaixonada mas secreta relação homossexual. Seu amante não podia enfrentar as conseqüências de revelar esse romance publicamente. Em sua vida anterior como homem, Mary havia exigido do amante que desse mais de si, mais do que ele se sentia capaz de oferecer, que aceitasse seu amor e acabasse com o segredo de sua relação. As coisas chegaram a um ponto em que Mary, como homem, havia ameaçado se confrontar com a mulher do seu amante. Na violenta disputa decorrente, Mary (como homem) foi morta pelo amante, que a(o) arremessou do alto de uma escadaria de pedra. Cinco séculos depois, Mary continuava lidan-

do com as conseqüências não resolvidas dessa terrível rejeição. Compreender por que ela estava tão predisposta a ficar vulnerável em seus relacionamentos mostrou ser um primeiro passo para capacitá-la a entrar em acordo com seus sentimentos, e a muniu de uma série de argumentos com os quais gradualmente poderia atirar para longe sua indesejável bagagem emocional, libertá-la de antigas experiências e começar a construir relacionamentos saudáveis nesta vida.

Benefício 3

Recordarmo-nos de memórias de vidas passadas pode nos ajudar a entender e a superar fobias que, de outro modo, interfeririam excessivamente na fruição desta vida e de outras que virão a seguir.

Estudo de caso — David

David, um homem de meia-idade, profissional e sensato, tinha um medo exagerado e irracional de água, e sofria regularmente com pesadelos sobre afogamentos. Ele sempre se recusava a aprender a nadar, e nunca se aventurava em águas em que não pudesse tomar pé. Como morava a milhas de distância do mar, esse medo não interferia muito em sua vida cotidiana – a não ser nos feriados. Sempre que levava sua família em férias, ele resistia às ironias de todos por impedir suas crianças e sua mulher de nadar, mesmo nos dias mais quentes de verão, no Mediterrâneo. Isso o levou a rixas freqüentes, e transformava os feriados de dias provavelmente prazerosos num verdadeiro tormento. Sob o efeito da hipnose, ele começou a se lembrar de quando foi um modesto pescador, próximo a Liverpool, no século XVII. Ele se lembrou de que era conhecido como Cockle Dick, e de que havia morrido numa noite quando um terrível vendaval varreu a costa vindo do mar da Irlanda. Ele lutou durante horas contra as ondas, mas sua embarcação não era forte o bastante para enfrentar um mar agitado, e, conseqüentemente, afundou: O fim aconteceu em questão de segundos. Ele morreu, em pânico, lutando e esforçando-se até o último suspiro. Não é de espantar que, nesta vida, David tivesse medo da água. Uma vez que entendeu a causa de sua fobia, David parou de se culpar por essa força além dele mesmo, e até se inscreveu em aulas de natação. Ele nunca chegou ao estágio de se sentir à vontade na água, mas deixou de ser tão paranóico nessas situações.

Lista de perguntas para avaliar a saúde mental

Trazer vidas passadas à consciência envolve trabalhos com poderosas energias psíquicas. É ao menos sensato tomar as precauções adequadas — não há nada de insensato ou fora do comum neste assunto. A maior parte das tradições místicas das grandes religiões do mundo tem insistido que iniciados devem gozar de boa saúde mental — pessoas sensatas e alegres, pouco suscetíveis a serem magoadas por profundas experiências espirituais. A situação é a mesma quando trazemos vidas passadas à consciência; isso não é algo que possa ser experimentado suavemente ou num estado mental negativo generalizado.

Você não deve usar técnicas de auto-ajuda para tentar trazer vidas passadas à consciência se responder afirmativamente a alguma das perguntas a seguir:

♦ Você sofre normalmente de alguma perturbação mental? Isso se aplica caso você esteja ou não sob cuidados profissionais ou tomando algum medicamento.

♦ Você já sofreu de alguma enfermidade mental no passado?

♦ Você costuma cair em depressão? Ou você normalmente sofre de depressão associada a algum evento em particular, como, por exemplo, a depressão pós-natal?

♦ Você geralmente está ansioso?

♦ No momento, você está sob o efeito de *stress* por alguma razão?

48 A REENCARNAÇÃO E VOCÊ

♦ Você sofreu recentemente alguma perda?
♦ Você está preocupado ou com medo de trazer vidas passadas à consciência?

Se você respondeu afirmativamente a qualquer das perguntas acima, procure a ajuda de um terapeuta especializado em regressão a vidas passadas. Se você está sofrendo ou sofreu em algum momento de alguma perturbação mental séria, é especialmente importante que você examine bem se deve ou não fazer terapia de regressão a vidas passadas com um psicoterapeuta independente, um conselheiro ou um médico.

Estratégias de auto-ajuda para trazer vidas passadas à consciência

Se enfrentamos freqüentemente alguns problemas que suspeitamos estarem enraizados numa vida passada ou em vidas passadas, e quisermos recordar essas vidas, como primeiro passo para superar o problema podemos fazê-lo tanto usando técnicas de auto-ajuda como procurando a ajuda de um profissional. Este capítulo fala de estratégias de auto-ajuda para trazer vidas passadas à consciência. O Capítulo 4 fala da ajuda disponível de profissionais.

Podemos encontrar muitos indícios da possibilidade de que vidas anteriores tenham um reflexo sobre as atividades cotidianas de nossa vida atual. Os mais importantes indícios são:

- visões recorrentes;
- *déjà vu*;
- sonhos sobre reencarnação.

Muitas vezes, esses três indícios serão combinados, reforçando-se cada um em nossas experiências.

Visões recorrentes

Em momentos de descontração, quando a mente está livre para viajar, você já passou pela experiência de ver uma imagem que se repete, uma visão que aparece no seu olhar interior sem nenhuma causa externa?

Muitas pessoas já tiveram experiência com essas visões recorrentes. Elas vêem um determinado lugar — uma residência, um vilarejo, uma cidade —, uma pessoa em particular, um evento específico ou o que seja. Essas imagens repetitivas podem ser, muitas vezes, extraordinariamente detalhadas. Pense no caso de alguém que relata a imagem recorrente de uma corte vitoriana: ele ou ela poderá ser capaz de descrever o papel de parede, os lustres, os móveis e os tecidos, e também será capaz de listar os livros das estantes, ou recitar o conteúdo de uma carta deixada aberta numa mesa.

O que são essas imagens recorrentes? Talvez elas sejam apenas a imaginação de um cérebro ocioso, que só é liberada quando a nossa consciência normalmente tagarela está desperta e relaxada. Mas talvez elas sejam muito mais do que isso. Talvez elas representem lampejos de uma memória oculta, parcialmente captados no passado ou vislumbres do futuro — pontos de partida para se investigar outras vidas. (Aqui, estamos interessados no passado; sobre vidas futuras, veja o Capítulo 6.)

O que você pode fazer

Você vê alguma figura recorrente? Em caso afirmativo, pergunte-se por que você pensa que ela talvez se refira ao passado e se poderia haver uma explicação alternativa para o fato — poderia essa figura estar baseada num livro ou filme que você tenha lido ou visto? Se, depois desse exame, você continua pensando que a visão provém do passado, então escreva um relato sobre essa visão com o maior número de detalhes possível. Sua descrição sugere alguma pista para estudos? Se for de um lugar, você tem algum meio de descobrir onde seria esse lugar? É uma paisagem ou uma construção? Se for uma residência, ela se encontra numa aldeia, num vilarejo ou numa cidade? Há alguns indícios que o ajudariam a desenhá-la? Você poderia visitá-la? Se é a imagem de um acontecimento, você tem algum meio de localizar esse evento no espaço ou no tempo? Você reconhece algum(ns) dos participantes — por exemplo, eles se parecem com alguma pessoa famosa? Como as pessoas estão vestidas? Você poderia pesquisar para definir quando na história essas roupas foram comuns?

Essa pesquisa poderá desencadear algo no seu subconsciente, abrindo um caminho através das camadas da sua psique para memórias esquecidas de uma vida que passou. Essas memórias podem surgir torrencialmente, ou serem trazidas à consciência em lampejos desconexos — nesse caso, você pode optar por investigá-las usando os mais eficientes meios oferecidos pela auto-hipnose. Veja adiante neste capítulo.

Déjà vu

Você já se encontrou num prédio supostamente estranho e foi capaz de predizer com exatidão onde uma determinada porta deveria ser encontrada e para onde levaria? Em caso afirmativo, isso é um *déjà vu* — a inexplicável aquisição de informações sobre o passado.

Muitos de nós já tivemos experiências com o *déjà vu* – uma forte impressão de coisas conhecidas em ambientes ou circunstâncias supostamente desconhecidos. O que explica esse fenômeno comum? Poderia tratar-se de detalhes recordados subconscientemente de uma de nossas vidas anteriores? E, sendo assim, como poderíamos trazer essas memórias à completa consciência?

VIDAS ANTERIORES A ESTA VIDA   51

O que você pode fazer

Se você já teve a experiência de um *déjà vu*:

1. Faça uma descrição do que lhe causou essa experiência e de todos os detalhes que foram despertados em suas recordações. Faça esse relato o mais detalhadamente que puder. Assim como nas visões recorrentes, essa descrição poderá formar uma base de onde você poderá começar a exploração de vidas passadas. Sua descrição inclui indícios que você poderia seguir com rastreamento ou pesquisa de campo? Se a visita a um edifício estimulou a sua experiência e você viu uma sala que comprovadamente não estava lá, você teria meios de saber se em outros tempos existiu realmente essa sala? Em caso afirmativo, você poderia descobrir quando e onde ela foi desativada ou bloqueada? Como em visões recorrentes, essa pesquisa pode liberar lembranças esquecidas, tanto em ondas como em fragmentos. No último caso, você pode optar por conseguir mais detalhes por meio da auto-hipnose;

2. Se for possível e você tiver sido estimulado a visitar um novo lugar, então tente voltar a esse lugar em diferentes períodos do dia, à noite, sob a chuva, etc. Se possível, vá sozinho e encontre um determinado ponto onde você possa ficar, simplesmente sentado e sentindo a atmosfera. Os resultados devem ser descritos como em (1). Tente um exercício semelhante caso a sua experiência tenha sido estimulada por um evento que se repete regularmente, como uma feira anual ou uma exposição;

3. Se a sua sensação de *déjà vu* foi estimulada por um encontro pessoal, a outra pessoa também a sentiu? Nesse caso, talvez vocês possam ser almas gêmeas (veja o Capítulo 5). Ambos podem explorar essa possibilidade, mas vocês devem se lembrar de usar os métodos de trazer memórias esquecidas do passado à consciência *independentemente*; se vocês trabalharem juntos, existe o perigo de um guiar o outro num cenário inventado, mesmo que sem nenhuma intenção de blefar. Se vocês encontrarem pontos comuns em suas histórias e recordações independentes, então vocês podem

usar isso como um instrumento para descobrir mais sobre esse passado comum aos dois. Mas lembrem-se de trabalhar independentemente.

Sonhos sobre reencarnação

Você já teve um sonho com o qual se convenceu de que teve um lampejo intuitivo sobre o passado ou sobre o futuro? Em caso afirmativo, talvez tenha sido um sonho sobre reencarnação.

O que são os sonhos, suas causas e funções, são questões que continuam a desconcertar a ciência. Mas, provavelmente, não será estranho sugerir que eles são um dos principais veículos a que temos acesso para extrair nossas energias e potenciais psíquicos. Se isso for aceito como uma possibilidade, poderíamos admitir que os sonhos podem nos proporcionar meios de trazer à consciência memórias de encarnações passadas.

É claro, nem todos os sonhos nos dizem algo significativo sobre a psique ou sobre vidas passadas — se assisti a um filme caracterizado por diálogos ferinos, tiroteios, mulheres fatais e, depois de vê-lo, sonhar que sou um bandoleiro, uma mulher fatal, não seria nem mesmo surpreendente, interessante ou simplesmente informativo. Então, quais são as características de sonhos interessantes e potencialmente sobre reencarnação?

Uma pesquisa norte-americana propôs três características-chave para classificar esses sonhos. Uma delas é bastante óbvia; as outras duas nem tanto.

A característica óbvia é que esses sonhos devem se passar em épocas diferentes da atual! Sonhos sobre vidas passadas se passam no passado: sonhos sobre vidas futuras se passam no futuro. Aqui estamos interessados em vidas passadas. Para vidas futuras, veja o Capítulo 6.

A primeira característica menos óbvia é que o sonhador não é visto no sonho, em nenhuma encarnação. Em vez disso, o sonho se desenrola de acordo com a *perspectiva* de uma pessoa que não é observada. Se você pensar bem nisso, é como nós passamos pela vida no dia-a-dia — nós não nos vemos vivendo a nossa vida, mas tudo na vida é vivenciado de acordo com o nosso ponto de vista. Se esse padrão acontecer cm sonhos, é pelo menos sugestivo que a perspectiva do personagem não-visto é a perspectiva do sonhador, numa encarnação anterior.

A segunda característica menos óbvia é que esses sonhos tendem a ocorrer em grupos — o sonhador não terá apenas um sonho sobre, por exemplo, sua vida como um monge do século XII num mosteiro francês, mas muitos sonhos durante um longo período de tempo. Os sonhos não vão se repetir iguaizinhos, mas oferecerão vislumbres de aspectos diferentes, mas relacionados. No nosso exemplo, um monge francês do século XII estaria numa missa, jantando com os irmãos no refeitório, ornando com iluminuras um manuscrito, etc.

O que você pode fazer

Sonhos de reencarnação podem ser bastante difíceis de se reconhecer no meio de todos os outros tipos de sonho. Se você está interessado em pesquisá-los, terá de começar um diário de sonhos, e então poderá procurar sonhos com as três características mencionadas acima — sonhos não localizados no presente, vistos da perspectiva de um personagem não-observado e ocorrendo em grupos. Mantenha o seu diário ao lado da cama — assim você poderá se lembrar de seus sonhos logo quando acordar, enquanto ainda estiverem nítidos na sua mente.

Uma vez que você tenha encontrado um padrão, leia algumas observações relevantes antes de ir dormir — isso poderá preparar sua mente, talvez capacitando o seu subconsciente a liberar outras imagens da vida que você está descobrindo gradualmente. Antes de ir dormir, diga a si mesmo que essa noite irá sonhar com a sua vida passada. Você deverá perceber que essas simples técnicas irão melhorar a sua proporção de sonhos reencarnatórios em comparação com outros tipos de sonho e que seus sonhos estarão se tornando cada vez mais vívidos. Talvez você tenha sorte e toda a história de uma vida passada poderá se desenrolar. Mas, se os detalhes forem menos ricos, você terá de optar por pesquisar outras recordações usando a auto-hipnose.

Técnicas de auto-hipnose para recordar vidas passadas

Se o trabalho com visões recorrentes, *déjà vu*, sonhos reencarnatórios ou uma combinação dos três não produzir um fluxo de memórias, mas apenas poucas e fragmentadas informações, você pode levar sua pesquisa um estágio à frente usando a auto-hipnose.

A auto-hipnose envolve colocar-se em um transe. Isso aumenta sua receptividade a seu subconsciente, mas apenas a elementos do seu subconsciente que sejam seguros, com os quais você irá se confrontar em total consciência, e que em total consciência você esteja pronto para perceber. Desse modo, a auto-hipnose é segura e o pior que pode acontecer é ... nada! Ou seja, você irá adormecer, em vez de se colocar em transe. Entretanto, se estiver interessado em usar qualquer uma dessas técnicas, *ou se você respondeu afirmativamente a alguma das questões da lista de conferência de saúde mental*, procure a ajuda de um psicoterapeuta ou de um conselheiro devidamente qualificado. Transes profundos não estão relacionados diretamente com resultados melhores — resultados excelentes podem ser conseguidos com transes bastante leves.

Passo 1

O primeiro passo é muito simples. Reserve um período do seu dia, quando estiver certo de que não será interrompido. Use esse tempo para analisar todas as evidências, indícios e pistas sugestivas que você reuniu analisando imagens recorrentes, *déjà vu* ou sonhos reencarnatórios. Tente não guiar o modo como você pensa, mas deixe sua mente vagar à vontade, passando por diferentes imagens, idéias e cenários. Não quebre o fluxo de pensamentos parando para questionar-se, fazer anotações ou analisar o que está acontecendo — simplesmente mantenha-se aberto a qualquer objeto ou significado que preencha a sua consciência. Repita esse exercício várias vezes, durante algumas semanas. É quase certo que você irá descobrir que as imagens, sensações, pensamentos e emoções evocados pela contemplação não-dirigida se tornarão mais vivos, mais profundos e mais reais para você.

Quando se sentir pronto, siga para o passo 2.

Passo 2

Novamente, organize um período do seu dia em que você possa estar certo de que não será interrompido. Tente certificar-se de que seu ambiente esteja silencioso e deixe o quarto escuro. Certifique-se de que está sentado ou deitado confortavelmente. Escolha uma imagem ou sensação clara de sua contemplação não-dirigida e mantenha essa imagem na sua mente. Mantenha essa imagem ou sensação na sua mente mas não se concentre apenas nela. Concentre-se parcialmente na sua respiração. Quando inspirar, preencha totalmente a cavidade do seu peito; quando expirar, solte todo o ar que puder. Respire, para dentro e para fora, para dentro e para fora, devagar e ritmicamente. Mantenha a imagem escolhida na sua mente, mas concentre-se profundamente na respiração, mais lenta e compassada. Logo você irá perceber que pode respirar desse modo sem se concentrar na sua respiração. Quando isso acontecer, aplique toda a sua concentração na imagem escolhida.

A primeira vez que tentar fazer isso, você deverá descobrir que a imagem escolhida age como um catalisador, capacitando a sua consciência a ser preenchida por outras imagens, fluxos de consciência que servem de material para criar histórias — histórias que por sua vez se incorporam na longa história de uma vida anterior. Mas é difícil que isso aconteça logo no início. É mais provável que você precise de várias sessões, trabalhando com uma imagem diferente para cada momento, e que, em transe, essas diferentes imagens irão despertar memórias de uma vida ou de vidas passadas, de um modo casual.

Se, depois de várias sessões, você sentir que não está chegando a lugar nenhum com o segundo passo, vá para o passo 3.

Passo 3

Prepare o seu ambiente como no passo 2. Escolha uma imagem, como no segundo passo, mas desta vez mantenha-a na mente por alguns minutos e concentre-se apenas nela — não se preocupe com a respiração. Agora, afaste-a da sua mente — não pense mais nela. Então, escolha algo aparentemente desconexo e mundano para pensar: uma lista de compras, um passeio que você esteja planejando, algo que não exija muito de você mas que seja suficiente para tirar da sua consciência essa imagem escolhida anteriormente. Agora, comece a respirar como no passo 2. Deixe a mente vazia, concentrada apenas na sua respiração. Assim que sua respiração se estabilizar, comece a contar até cem — faça isso lenta e silenciosamente. Com a mente consciente você afastou a imagem, mas enquanto esteve pensando na lista de compras, ou no que quer que fosse, sua mente inconsciente estaria contemplando a imagem, e agora você deve perceber que isso resultou numa resposta de sua mente consciente — os resultados devem se dar como no passo 2. De novo, você vai precisar repetir esse exercício diversas vezes.

Se o passo 3 não funcionar para você, procure o conselho de um hipnoterapeuta especializado na terapia de regressão a vidas passadas.

Resumo

Neste capítulo, explicamos alguns dos benefícios de se trabalhar com vidas passadas e ensinamos algumas estratégias de auto-hipnose para trazer memórias esquecidas à consciência. Oferecemos três pontos de partida para essa exploração psíquica: visões recorrentes, *déjà vu* e sonhos de reencarnação. Propusemos algumas técnicas seguras de auto-hipnose que podem fazer você progredir. No Capítulo 4, discutiremos os tipos de ajuda profissional disponíveis para as pessoas que querem trabalhar com vidas passadas.

Exercícios

No Capítulo 2, falamos sobre a necessidade de se avaliar o testemunho de outras pessoas. Isso é tão importante quanto avaliar suas próprias experiências tão rigorosamente como você faz com as de outrem. Tente sempre procurar explicações alternativas para o que, aparentemente, é uma recordação de vidas passadas — explicações que não dependam da noção de reencarnação. Essa prática serve para você apurar as suas comprovações.

Você já fez o relato de uma imagem recorrente, ou de uma experiência de *déjà vu* ou manteve um diário de seus sonhos como sugeri anteriormente? Nesse caso, mostre seu relato ou diário a mais alguém que você conheça bem e em quem possa confiar — mas que seja capaz de lhe dar uma opinião objetiva. Peça a essa pessoa que lhe dê possíveis explicações alternativas para a sua experiência — explicações que não digam respeito à reencarnação, mas que possam ser ligadas a experiências da vida atual, experiências das quais você se esqueceu mas que ficaram anotadas na mente inconsciente. Ou, alternativamente, explicações ligadas a livros ou filmes que você leu ou assistiu e que podem estar influenciando o seu inconsciente.

Se o seu testemunho puder manter-se intato quando exposto à crítica de outras pessoas, será muito mais provável que reflita a realidade do que se tivesse sido descartado assim que fosse submetido a testes. Mesmo que você inicialmente se sinta descontente quando outras pessoas apontam brechas nos seus relatos, você irá se sentir mais satisfeito a longo prazo do que se tivesse falhado ao se confrontar com as críticas.

4 Terapia de regressão a vidas passadas

É quase como se os clientes estivessem assistindo às suas vidas passadas numa tela de cinema...

Marisa Peer

Neste capítulo, iremos analisar como a terapia de regressão a vidas passadas pode ser usada para a cura e o crescimento. A lei do karma — a lei moral de causa e efeito que opera ao longo do espaço e do tempo — significa que problemas profundamente enraizados e manifestados nesta vida podem ser o resultado de ações praticadas em vidas vividas há centenas de anos. A terapia de regressão a vidas passadas usa essa noção para ajudar pessoas a liberar energias negativas e a resolver as causas desses problemas. Este é um ramo da hipnoterapia: o hipnoterapeuta induz o cliente a um transe e, nesse estado hipnótico, o cliente pode lembrar ou trazer à consciência lembranças de vidas anteriores. Essa lembrança proporciona uma eficiente forma de entendimento, possibilitando que as pessoas liberem as causas de problemas persistentes para prosseguir tranqüilas em sua vida atual.

A escolha do terapeuta

A hipnose, incluindo a terapia de regressão a vidas passadas, pode ser perigosa nas mãos de uma pessoa despreparada. Portanto, é essencial que você encontre alguém em quem possa confiar. Tente conversar com o seu terapeuta antes de se comprometer com algum tipo de tratamento. Quando estiver escolhendo o terapeuta, será de grande valia ter em mente as seguintes questões:

♦ Com quem o terapeuta treinou e por quanto tempo? Alguns centros de treinamento foram criados tão recentemente que não têm sua qualidade comprovada. Outros conferem certificados após uma única semana de treinamento.

♦ Qual foi a forma e o conteúdo do treinamento? Alguns cursos são feitos particularmente ou, o que é mais comum, por correspondência.

♦ O terapeuta pertence a uma associação profissional, que o obriga a assinar um código de ética, exigindo que se submeta a processos disciplinares quando houver queixas de um cliente, e que mantenha cuidados de segurança apropriados? Peça provas de que o seu terapeuta é membro de alguma associação. Ele deixaria que você lesse uma cópia do seu código de ética? O terapeuta poderia explicar os detalhes da cobertura de sua apólice de seguros? Ela inclui elementos de responsabilidade pública e de indenização profissional?

♦ O terapeuta tem acesso à contínua supervisão profissional e a treinamento no serviço? Ele já fez uso desses serviços? Um terapeuta consciente mantém-se alerta ao desenvolvimento da profissão.

♦ O terapeuta está disposto a discutir o preço da terapia antes de submetê-lo a uma sessão? O preço está de acordo com os exigidos por outros terapeutas?

TERAPIA DE REGRESSÃO A VIDAS PASSADAS 61

◆ Se você não estiver satisfeito a respeito de qualquer um desses pontos, pergunte-se se estaria realmente contente em confiar informações altamente delicadas a essa pessoa, sobre você, sua vida e seus problemas.

Marisa, Graeme e Mary

O final deste capítulo será apresentado na forma de entrevistas. As perguntas são feitas por mim, Leila Bright; as respostas foram dadas por Marisa Peer, por Graeme e por Mary.

Marisa é uma hipnoterapeuta pioneira, psicoterapeuta e autora, que viveu e trabalhou tanto no Reino Unido como nos Estados Unidos. Teve muitos clientes interessados nos métodos de regressão a vidas passadas.

Graeme e Mary são casados e têm filhos. Ambos são advogados de sucesso. Eles vivem agora na Escócia, embora tenham vivido no Havaí durante certo tempo. Ambos foram hipnotizados por Marisa.

Leila: Marisa, quais são os seus objetivos no trabalho com os seus clientes?

Marisa: Meu objetivo é a integração — muitas das pessoas que vejo estão divididas de muitas maneiras e, conseqüentemente, não são felizes. Elas precisam ser capazes de juntar os quens, os quês e os porquês de suas vidas. Eu gostaria de ver as pessoas capazes de olhar tudo em seu passado e em suas vidas passadas e seguir em frente — entendendo o que quer que tenha acontecido, prosseguindo em sua jornada. Os clientes precisam se conscientizar de que não são os eventos que os afetam, mas o significado que eles dão aos eventos. As pessoas podem mudar esse significado tornando-o positivo para elas mesmas. Por exemplo, dois irmãos com um pai bêbado e violento podem interpretar isso como uma razão para almejar o topo, como o único caminho a seguir — para cima — ou como uma razão para que eles também caiam na embriaguez e na violência.

Eu gostaria que as pessoas se convencessem de que podem sobreviver; no passado, passaram por uma determinada experiência e sobreviveram a ela. Durante a regressão de vidas passadas elas estão *revendo* essa experiência; não a estão revivendo. E se sobreviveram à experiência, podem certamente sobreviver a essa revisão. As pessoas precisam se conscientizar de que o passado já foi... No passado elas eram uma pessoa, agora são outras. Porque se recordam de eventos de uma vida passada não significa que ainda sejam aquela pessoa.

Eu quero dar às pessoas acesso a informações que não tinham antes, para libertá-las e fortalecê-las.

Leila: Os clientes a procuram especificamente em busca da terapia de regressão a vidas passadas?

Marisa: Algumas vezes. Mas, mais freqüentemente, as lembranças de vidas passadas são recordadas ou emergem como parte de uma terapia destinada a algum outro problema. Por exemplo, as pessoas me procuram por causa de um problema de obesidade, não se dando conta de que isso pode estar relacionado com vidas passadas. Sob o efeito de hipnose, descobre-se que alguma vez foram vítimas da fome.

Eu tive uma vez um cliente que me perguntou especificamente sobre regressão a vidas passadas porque tinha uma sensação muito forte de *déjà vu* a respeito de uma casa em particular. Mas descobriu-se que essa sensação não era o resultado de memórias de uma vida passada. Em vez disso, soubemos que o pai dele havia construído a casa, e que ele tinha passado um tempo lá quando garoto na vida atual. Meu cliente esqueceu-se da casa em sua mente consciente, mas não no seu inconsciente.

Graeme: Procurei Marisa porque eu tinha um medo irracional de alturas. Gosto de esquiar, mas a uma certa altura no teleférico, eu começava a ficar em pânico sem nenhuma razão. O mesmo acontecia nas aterrissagens e decolagens, quando viajava de avião. Eu que-

TERAPIA DE REGRESSÃO A VIDAS PASSADAS 63

ria resolver esse problema, mas não achava que estivesse relacionado com vidas passadas. A Marisa levantou essa possibilidade numa conversa e perguntou se eu teria alguma objeção a que ela tentasse uma regressão a vidas passadas. Eu disse que não; eu não tinha nenhuma objeçao exceto o ceticismo! Antes de procurar Marisa eu era muito cético em relação à possibilidade de as vidas passadas serem uma realidade — eu não a rejeitava, mas era cético.

Leila: Você continua cético?

Graeme: Não, absolutamente. Hoje eu acho todo o tema de vidas passadas simplesmente fascinante. Conversei com muitos hipnoterapeutas e com pessoas que passaram por essa experiência. O número de relatos e o nível de detalhes foi suficiente para me convencer.

Marisa: Por que você escolheu Marisa?

Graeme: Mary me apresentou e eu sabia que ela tinha uma boa reputação.

Leila: Então, Mary, por que escolheu procurar a Marisa?

Mary: Marisa recebeu uma amiga minha muito próxima para uma terapia; essa amiga nada sabia sobre filosofia oriental e muito pouco sobre hipnose. Eu não sei por que ela decidiu investir nessa chance. Marisa não conhecia essa mulher, mas eu a conheço muito bem. Considerei isso acompanhando-a na sessão e fiquei impressionada com a maneira como suas lembranças de vidas passadas espelharam o que estava acontecendo na sua vida presente. Nesta vida ela é uma mulher muito atraente, mas acha que não é. Ela adora o marido, mas ele não a ama. Marisa levou-a a uma vida passada em que ela ficava dizendo que não era atraente porque estava se recuperando de uma infecção de sífilis. Naquele tempo ela amava profundamente um homem, mas nunca disse isso a ele, porque achava que não era atraente. Então, de novo nesta vida, ela tem um ótimo relacionamento com a mãe, e esse relacionamento foi uma característica de todas as vidas às quais Marisa a levou de volta. Lembre-se, Marisa não a conhecia. Nesta vida, ela gosta de cavalos e vive rodeada por eles. Marisa levou-a a uma vida durante a Primeira Guerra Mundial: ela era um jovem garoto que havia mentido sobre a sua idade para entrar nas forças armadas, e descobriu-se que ele morreu sob seu cavalo nas trincheiras. Era muito excitante ouvi-la. As lembranças eram tão vívidas e se ligavam a algo mais. Há alguns anos, eu e minha amiga viajamos juntas para a França. Minha amiga ficou muito agitada quando visitamos os campos de batalha, especialmente o Somme. Ela ficou dizendo que sabia de coisas que não deveria saber, como informações sobre a violência na guerra. Isso tudo era incompreensível para nós naquele tempo, mas fez sentido depois do seu tratamento com Marisa.

Leila: Graeme e Mary, que impressão vocês tiveram quando fizeram regressão a vidas passadas?

Mary: Primeiro, eu não fui para fazer regressão a vidas passadas. Como Graeme, eu a procurei para algo diferente — para uma orientação objetiva. Sob o efeito de hipnose, fiquei dizendo que minhas mãos estavam atadas — uma expressão que eu nunca usaria. Como parte da sessão, Marisa levou-me a uma vida na qual eu me lembrei de ter sido enforcada. Isso explicou por que eu estava dizendo que minhas mãos estavam atadas, mas também explicou algo mais. Nesta vida eu não sou um tipo de pessoa deprimida, mas às vezes eu caio em depressão e agora eu reconheço que os sentimentos que tenho no meu corpo quando estou deprimida espelham aqueles que absorvi quando estava sendo enforcada. É como se o meu corpo físico relembrasse a pior coisa que já me aconteceu — a minha essência.

Em outra ocasião, Marisa levou-me de volta a uma época na França quando eu viera de uma família muito pobre, mas era muito bonita. Eu conheci Graeme...

Leila: Você conheceu Graeme? Você acha que vocês dois são almas gêmeas? [*Veja o Capítulo 5 sobre almas gêmeas.*]

TERAPIA DE REGRESSÃO A VIDAS PASSADAS 65

Mary: Acho...

Graeme: São os mesmos jogadores em trajes diferentes...

Mary: De qualquer modo, eu conheci Graeme. Eu era muito, mas muito namoradeira — minha família não tinha dinheiro e eu tinha de consegui-lo pela minha aparência. Eu amava Graeme, mas ele não pôde suportar meus namoros e, então, me deixou e desapareceu da região. Eu ainda posso me lembrar da dor ao receber a carta dele dizendo-me o que havia feito. Depois de eu ter me lembrado disso tudo, Marisa levou-me a um tempo logo anterior à minha morte, nessa mesma vida. Eu era casada, bastante rica e tinha filhos. Mas eu nunca havia conhecido a felicidade, e me arrependia profundamente por ter perdido Graeme. Agora, nesta minha vida atual, eu sempre tomei como regra absoluta jamais olhar para ninguém fora de meu casamento. Durante anos as pessoas riram de mim, dizendo que não havia problema num pouquinho de diversão, mas agora eu sei porque sou tão cuidadosa — é por causa da sombra adquirida naquela vida como uma garota namoradeira e pelo mal que ela fez a si mesma.

Marisa levou-me então a uma terceira vida, como marechal de campo no exército de Cromwell. É interessante porque, antes de saber disso, eu tive certa vez uma paixão enorme por comprar um par de botas que — mais tarde descobri — eram como aquelas usadas pelos oficiais de Cromwell: eu as vi em Russell e Bromley e tinha que obtê-las! Tive também que fazer alguns testes psicométricos para trabalhar, e então passei a pensar em termos militares!

Leila: E você, Graeme — lembra-se de vidas passadas quando conheceu Mary?

Graeme: Infelizmente, não. Quando fui hipnotizado, Marisa levou-me primeiro a cenas passadas nesta vida, quando eu tinha aproximadamente 3 anos. Meus pais me criticaram por haver me recusado a subir em um certo monumento. Então ela me levou de volta a meu nascimento nesta vida. Eu me lembro de estar sendo pendurado de cabeça para baixo e espalmado. Então nós regredimos a duas vidas passadas. Em uma, eu era piloto da Primeira Guerra Mundial, e me lembrei de haver colidido com alguém com meu avião biplano. Eu não estava assustado por haver morrido, mas estava amedrontado por deixar as pessoas caírem: eu senti que havia falhado. O interessante é que a minha posição enquanto estava colidindo era a mesma daquela quando fui segurado de ponta-cabeça ao nascer nesta vida.

Mary: É interessante que Graeme tenha tido os mesmos sentimentos no nascimento e na morte. Aconteceu a mesma coisa com a amiga de que lhe falei há pouco. A lembrança de ter sido esmagada sob o peso de seu cavalo em Somme era a mesma de quando nasceu nesta vida.

Graeme: Talvez isso mostre que o nascimento e a morte são apenas diferentes aspectos de uma mesma experiência? Mas voltar às minhas vidas passadas, numa sossegada vida anterior, fez-me perceber que eu estive liderando uma expedição exploratória em territórios desconhecidos nos trópicos. Meu destacamento subiu por um íngreme despenhadeiro, nós o escalamos até o topo e, então, chegamos a um penhasco. Decidi que seria muito perigoso arriscar e guiei o grupo novamente para baixo — foi o mesmo sentimento de falha, de deixar as pessoas caírem.

Leila: Marisa, o medo de altura e de traumas objetivos são típicos dos problemas que as pessoas lhe pedem para tratar?

Marisa: São. Eu sou freqüentemente requisitada para curar fobias, medo de água, de altura, de viajar de avião, o que seja. Mas eu sou mais comumente consultada para resolver problemas persistentes em relacionamentos, especialmente quando as pessoas estão enredadas em padrões repetitivos e querem entender o porquê disso. É possível que elas sempre escolham parceiros que delas abusam, emocional ou fisicamente — ou elas não conseguem iniciar nenhum relacionamento ou já iniciam uma relação esperando por seu fim. As pessoas também me procuram porque têm problemas financei-

TERAPIA DE REGRESSÃO A VIDAS PASSADAS 67

ros — são esbanjadoras, não conseguem economizar ou controlar o orçamento.

Em geral, as pessoas me procuram com a intenção de modificar um comportamento nocivo. Por exemplo, eu tive uma cliente que parecia estar presa a um padrão generalizado de conseguir e perder, de ter e perder. Eu a levei de volta através de três vidas. Em uma delas ela era uma bonita garota, de uma família árabe muito abastada. Ela se lembrou de que suas criadas levavam seis horas para vesti-la com todo o requinte — jóias e tecidos caros. Mas ela nunca apreciava o que tinha, todo aquele esplendor material. Na vida seguinte, ela era novamente uma bela mulher, embora as circunstâncias materiais fossem menos claras. Agora ela era uma dona de casa, e muitos outros homens se interessavam por ela. Novamente, ela não se satisfazia com isso. Na terceira vida ela não tinha nada — casa, dinheiro, relacionamentos. Então aprendeu com essas três vidas que deveria apreciar o que tinha enquanto tinha, e não se preocupar com a possibilidade de perder.

Leila: E em relação às fobias? Graeme, sua fobia desapareceu depois da hipnose?

Graeme: Sim.

Marisa: Assim como o medo de altura que Graeme sentia, as fobias podem ter suas raízes em vidas passadas. Uma cliente minha ficava aterrorizada com água. Ela atribuía isso às conversas de sua avó — uma irlandesa que queria emigrar para os Estados Unidos, mas nunca havia ido além de Liverpool, porque a travessia do Atlântico era tão ruim que ela não se atrevia a fazê-la. No entanto, sob hipnose, essa mulher se lembrou de ter participado de um naufrágio, e se lembrou de ter visto corpos boiando ao seu redor na água. De qualquer modo, isso deve ter combinado com o que a avó dela dizia.

Leila: Essas pessoas às vezes suspeitam que seus problemas estão enraizados em vidas passadas?

Marisa: Não, nem sempre. Graeme não pensava que seu medo de ir além de certa altura estava ligado a uma vida passada, ou a outras vidas. Algumas vezes elas suspeitam. Por exemplo, se são fascinadas por alguma cultura, como a Grécia Antiga ou por um país. Ou se algumas vezes aparecem com frases numa outra língua, desconhecida. Eu tive uma vez uma cliente que me procurou por que estava muito além de seu peso e simplesmente não conseguia manter uma dieta. Era uma mulher africana. Sob hipnose ela subitamente começou a falar em alemão — eu não podia entender, então pedi a ela que falasse em inglês, o que costuma ser prático quando aparece esse tipo de caso. Descobriu-se que ela estava revendo sua morte como uma jovem garota em Auschwitz. A razão por que ela não conseguia fazer dieta estava no fato de ela carregar a lembrança dolorosa de ter passado fome. Antes disso, nem ela ou eu poderíamos ter suspeitado que uma vida passada fosse a fonte do seu problema. Uma vez que ela reconheceu isso, seu peso começou a diminuir. Ela continua incapaz de manter uma dieta, mas ao menos foi capaz de colocar sua obsessão por comida em segundo plano.

Leila: Desejar comida, mas temer os efeitos da comida... Isso costuma acontecer?

Marisa: Comumente as pessoas me procuram tanto por situações que provocam desejos quanto por medos. Pessoas que querem pôr fim a casamentos mas não têm coragem; mulheres bem-sucedidas profissionalmente que desejam um relacionamento, mas ficam a milhas de distância quando este surge; pessoas que querem filhos, mas que temem as responsabilidades que isso possa trazer...

Leila: Esses casos parecem difíceis. Você se recusaria a cuidar de algum caso, por exemplo, um caso de esquizofrenia?

Marisa: Eu não posso pensar em nenhum motivo para afastar um cliente em potencial. Eu trabalharia com quaisquer problemas que me apresentassem.

TERAPIA DE REGRESSÃO A VIDAS PASSADAS 69

Leila: O que aconteceria se um cliente viesse até você com uma história de vida passada obviamente inventada?

Marisa: No passado, a maioria das pessoas vivia monotonamente, com vidas curtas, difíceis, preocupadas em atender às necessidades básicas para sua sobrevivência. Houve apenas uma rainha Elizabeth I. Se alguém me aparece dizendo que se lembra de uma vida como, digamos, Cleópatra, e argumentar que isso explica o motivo pelo qual ela nunca conseguia firmar seus relacionamentos — pois nenhum homem era bom o suficiente para ela — nesse caso, eu não diria a ela para não ser tão tola, ou para se colocar em seu lugar. Em vez disso, eu tentaria reunir esse sistema de crenças da pessoa e trabalhar com os elementos em que ela acredita, mas eu não elaboraria nada. Eu tentaria fazê-la compreender que, mesmo que um dia tivesse sido Cleópatra, isso é passado, e que o passado já se foi. Hoje ela não é Cleópatra, mas outra pessoa, e essa outra pessoa deveria deixar para trás o que quer que tenha sido, ou imaginado quando viveu como Cleópatra. Eu argumentaria que na vida atual, muitos homens poderiam fazê-la feliz. Da mesma forma, se alguém aparecer para mim com medo de fogo, e me disser que isso teve origem numa outra vida como Joana d'Arc, eu tentaria ajudar essa pessoa a superar esse medo do fogo, embora não acreditasse necessariamente que ela tivesse sido Joana d'Arc.

Mary: O que eu acho ser interessante é que não importa se você acredita na veracidade dessas memórias. Você tem essas memórias e elas afetam você. Se você puder enfrentá-las e lidar com elas, então você poderá ser ajudada, sejam as memórias verdadeiras ou falsas. As terapias de regressão a vidas passadas também podem ser úteis mesmo que os detalhes sejam bastante escassos — quando você não sabe de circunstâncias identificáveis, não tem um nome, uma data, um vilarejo, etc. Esse foi o caso quando eu me lembrei de ter sido enforcada — eu não me lembro das circunstâncias, mas de qualquer modo, fui ajudada.

Leila: Presenciar o seu próprio enforcamento pode ser perturbador. Marisa, que cuidados éticos você toma quando trabalha com os clientes? Você tentaria evitar em algum momento certas lembranças? Que cuidados éticos você costuma tomar?

Marisa: Eu não evitaria nenhum tipo de lembrança. Sob o efeito da hipnose, o subconsciente não revelará nada com que a mente consciente não seja capaz de lidar. Nem um hipnoterapeuta pouco ético poderia guiar um cliente, ou impor suas opiniões a ele. Um bom hipnoterapeuta lida com o que aparece, seja o que for.

Leila: Quanto tempo duram as suas sessões? Quantas sessões um cliente precisaria fazer para alcançar resultados dessa consulta?

Marisa: As sessões duram, normalmente, entre uma hora e uma hora e meia. A maioria das pessoas precisa de uma sessão, embora algumas vezes eu lhes peça que retornem.

Leila: O que você faz normalmente numa sessão de terapia de vidas passadas?

Marisa: Eu uso uma técnica de contagem regressiva, de cinco a um, para colocar meus clientes num leve transe. Então os levo de volta no tempo, nesta vida, a seu primeiro aniversário ou ao momento em que dão seus primeiros passos...

Mary: Quando Marisa fez isso comigo eu tive uma excitante sensação em minhas pernas! Meus pés estavam se mexendo para cima e para baixo! Isso me ensinou que as memórias estão armazenadas no eu, o corpo e a mente são indivisíveis.

Marisa: Sim; isso mostra aos clientes a força da mente para recordar as memórias ditas esquecidas – é importante realçar que os clientes sabem o que estão fazendo, que não estão em meu poder, ou o que seja. Eu então lhes pergunto sobre certas circunstâncias: estão sozinhos ou acompanhados? Dentro ou fora de um ambiente? Sabem onde estão? O que estão fazendo? Muito freqüentemente eu peço a

TERAPIA DE REGRESSÃO A VIDAS PASSADAS 71

eles que olhem para seus pés e descrevam seus calçados. Quando eles parecerem prontos, eu os levo de volta a uma vida passada. Novamente eu faço a contagem regressiva de cinco a um. Eu então pergunto coisas como o que estão vendo: É dia ou noite? Estão dentro ou fora de um ambiente? Peço então que descrevam o que estão fazendo, vendo, sentindo, do que estão tomando conhecimento. Podem me dizer de que sexo são? Podem me descrever a casa, a comida, as roupas que estão usando?

Algumas vezes eu os levo, nessa mesma vida passada, a um evento em particular bastante vívido ou excitante, ou ao momento exatamente anterior ao fim dessa vida. Com isso eles conseguem refletir sobre essa vida — sua mensagem, o que podem aprender com ela.

Eu então pergunto se posso levar as pessoas a outras vidas passadas — isso tudo numa sessão. Algumas vezes as pessoas revelam muitas vidas passadas, outras vezes, apenas uma. Outras nenhuma.

Eu sempre gravo essas sessões em fita e faço anotações. Quando eu tiro o cliente de seu transe, nós discutimos a mensagem da vida passada, ou das vidas passadas. O que o cliente pode aprender com isso e como pode usar essas novas informações para alterar seu modo de ser nesta vida.

Leila: Os clientes se lembram conscientemente do que acontece durante a hipnose, uma vez que retornem?

Graeme: Eu posso, sim.

Leila: Como é isso, estar num estado hipnótico? É assustador?

Mary: Algumas pessoas nem se dão conta de que foram hipnotizadas.

Graeme: Não é assustador. Eu estava apreensivo antes de ser hipnotizado pela primeira vez. Eu acho que qualquer um ficaria. Mas eu não estava assustado durante a hipnose. Eu estava ciente do que estava acontecendo, e que eu tinha controle e poderia sair do estado hipnótico se quisesse — não é como estar acordado. Eu me lembro de Marisa me guiando à minha infância nesta vida, e me avisando que iria me levar de volta a uma vida passada. E eu ainda não acreditava que isso pudesse ou fosse acontecer. Eu não pensava que pudesse acontecer alguma coisa. Lembro-me de ter ficado muito surpreso quando as memórias começaram a surgir: era como estar sendo inundado por visões.

Leila: Você fala de estar sendo inundado por visões. A visão é sempre o sentido dominante durante a regressão a vidas passadas?

Marisa: Não. Eu tive uma cliente, uma professora de ciências, que precisou viajar aos Estados Unidos para uma conferência. Mas ela estava aterrorizada por causa da viagem. Por quê? Sob o efeito da hipnose ela se lembrou de ter sido um garoto africano, vivendo num cenário paradisíaco. Nessa vida ele foi seqüestrado por mercadores de escravos, que o prenderam e o levaram à força até os domínios de um navio com centenas de outras pessoas — todas desconhecidas para ele. O sentido dominante era o olfato — minha cliente se lembrou do terrível mau cheiro de todos aqueles corpos quase que empilhados juntos. Outra cliente, uma bela garota que era sempre maltratada pelos homens, lembrou-se de duas vidas, ambas como homem, arrogantes aristocratas que maltratavam mulheres. Nesse caso, a experiência dominante era simplesmente o sentimento de ser frio, insolente e arrogante. Num certo sentido, minha cliente agora estava pagando seus dividendos pelo mau comportamento passado, mas eu consegui fazê-la enxergar que seus maus-tratos em relação às mulheres quando viveu como homem agora eram passado... era passado e se foi, e ela pôde seguir em frente. Nesta vida ela havia sofrido o suficiente por suas atitudes descuidadas no passado. Ela não precisa sofrer mais e pode iniciar novos relacionamentos amorosos.

Leila: O que se conta como um bom resultado na terapia de regressão a vidas passadas?

Marisa: Nem todos serão capazes de recordar vidas passadas. Se forem, então é um bom resultado se as pessoas se derem conta da

TERAPIA DE REGRESSÃO A VIDAS PASSADAS 73

origem de seus problemas e puderem confrontá-los, seguindo adiante — se puderem reconhecer que o passado já se foi e que temos de viver no presente. É um resultado considerável se puderem lidar com a experiência.

Muitas vezes, descobrir a origem de um problema é por si só suficiente para capacitar os clientes a superá-lo: a regressão a vidas passadas oferece uma poderosa forma de compreensão, possibilitando que as pessoas se libertem e sigam em frente.

Leila: As terapias alguma vez dão errado? De que modo?

Marisa: Não dão errado de maneira que possam ser assustadoras para os clientes — lembre-se de que eles estão *revendo* vidas passadas; não as estão revivendo.

Mary: Eu estava me lembrando que havia sido enforcada; eu não estava revivendo isso.

Marisa: Sim, é quase como se os clientes estivessem assistindo às suas vidas passadas numa tela de cinema. Contudo, uma vez eu tive um cliente, um velho taxista oriental, que se lembrou de ter sido um francês que normalmente estava enfermo nas Guerras Napoleônicas. Ele se lembrou de ter se machucado no braço, e eu queria levá-lo a uma outra cena dessa mesma vida, para protegê-lo de se maltratar por avaliar as circunstâncias do ferimento. Mas ele sentiu que não podia seguir em frente, porque não havia pego a bandeira francesa — que ele havia perdido. Ele tinha de pegar a bandeira, ficou falando de seu braço e da bandeira... Foi assim até que eu consegui levá-lo adiante! Na próxima cena, ele estava num hospital de campo e haviam acabado os suprimentos. Nesse momento eu o tirei da hipnose. Esse homem tem uma inexplicável paixão antiga pela França, pela língua, pelas pessoas, pela cultura, etc. Ele estava fascinado com sua vida passada, e o modo como ela explicou sua atual paixão.

Leila: Alguma vez você se chateia com o que os clientes lhe dizem?

Marisa: Algumas vezes pode ser bastante perturbador, por exemplo, a jovem garota morrendo em Auschwitz, de quem falei anteriormente. Mas está tudo bem se as cenas são tristes, ou inquietantes; a vida é assim. Se o cliente está entristecido por se lembrar de uma experiência de vida passada, eu saliento o simples fato de que, por triste que tudo tenha sido, o cliente ainda está aqui, e tem esta vida para viver e aproveitar.

Leila: Graeme e Mary, como as outras pessoas reagiram quando vocês lhes disseram que haviam feito terapia de regressão a vidas passadas? O que elas pensam de suas vidas passadas?

Graeme: Eu não falo sobre isso! Os escoceses são um bando de céticos!

Mary: Eu digo o mesmo!

Graeme: Mas é preciso dizer que existe um movimento generalizado em direção a uma maior compreensão, ou ao menos a uma abertura a uma grande extensão de idéias e fenômenos, incluindo a idéia de que todos nós já vivemos muitas vidas passadas.

Leila: A sua experiência em terapia de regressão a vidas passadas mudou a maneira de vocês dois pensarem sobre aspectos da vida diferentes dos já mencionados?

Graeme: Hoje eu acho que se pessoas têm um grande talento em particular, por exemplo, o talento de tocar piano, isso deve ser explicado por algo que aconteceu numa vida passada — elas devem ter aprendido a tocar piano numa outra vida. Da mesma maneira, se uma pessoa nesta vida tem de enfrentar o mesmo desafio uma e outras vezes, eu acho que isso poderia estar ligado a padrões de vidas passadas — nosso desafio é ser ricos!

Mary: Eu não tenho talentos especiais! Mas eu acho que se você está rodeado por pessoas que são especialmente colaboradoras e gentis, ou que são particularmente antipáticas, isso também pode ser explicado pelo que aconteceu em outras vidas.

TERAPIA DE REGRESSÃO A VIDAS PASSADAS   75

Leila: Também entre almas gêmeas?

Mary: Sim. Entre almas gêmeas eu vi pessoas completamente estranhas reconhecendo os meus filhos. A primeira vez que isso aconteceu, em Edimburgo, fiquei pasma; eu não queria que aquela mulher tivesse qualquer coisa com a minha filha. Mas na época eu não sabia nada sobre vidas passadas. Agora fico mais tranqüila quando as pessoas reconhecem as crianças. Quando moramos no Havaí, uma mulher reconheceu o meu filho como uma alma muito antiga – sua amizade realmente abriu as portas da sociedade da ilha para nós. Então, em outro momento, uma mulher, meia-sioux, reconheceu a minha filha.

Leila: Você já tentou recordar outras vidas quando você conhecia os seus filhos? Ou mais detalhes das vidas de que você se lembrou quando hipnotizado?

Graeme: Não.

Leila: Por que você pensa que temos muitas vidas?

Graeme: Estamos aqui para aprender.

Marisa: Exato. Eu penso que cada vida é uma oportunidade de aprendizado, embora não estejamos todos no mesmo nível de desenvolvimento. Nós estaremos sempre retornando até que tenhamos acabado de aprender – quando isso acontecer, não precisaremos mais de nenhuma ajuda.

Resumo

Neste capítulo, explicamos como encontrar um terapeuta de regressão a vidas passadas, e exploramos esse tópico em profundidade, através de uma entrevista com Marisa Peer, uma hipnoterapeuta bem-sucedida, e com pessoas que realmente se submeteram à terapia de regressão a vidas passadas. A experiência dela mostra algumas das muitas maneiras que a terapia de regressão a vidas passadas

76 A REENCARNAÇÃO E VOCÊ

pode ser usada para o aperfeiçoamento e o crescimento espiritual das pessoas.

Exercícios

Aqui estão algumas sugestões que você deverá gostar de seguir se estiver considerando a possibilidade de conhecer a terapia de regressão a vidas passadas.

♦ Faça uma lista de perguntas que você gostaria de fazer a um hipnoterapeuta no decorrer de seu encontro.

♦ Você é cético em relação a vidas passadas? Você acha que a terapia de regressão a vidas passadas pode ajudar, mesmo sendo você um cético?

♦ Como você se sente existindo a possibilidade de ser hipnotizado? Tome nota de alguns pensamentos: você pode analisá-los com o terapeuta escolhido por você e que deverá ser capaz de esclarecer-lhe algumas coisas.

♦ O que você esperaria conseguir de uma terapia de regressão a vidas passadas? Isso ajudará o seu terapeuta, se você tiver seus objetivos claros.

♦ Você ficaria muito desapontado se memórias de vidas passadas não fossem recordadas?

♦ Como você pensa que seus amigos reagiriam se você dissesse a eles que fez terapia de regressão a vidas passadas? Você diria a eles ou não?

5

Morte — desta vida para o desconhecido

A morte é uma parte natural da vida, que nós certamente teremos de encarar, mais cedo ou mais tarde. Para a minha mente existem duas maneiras com as quais podemos lidar com a morte enquanto estivermos vivos. Podemos tanto optar por ignorá-la ou nos confrontar com a possibilidade de nossa própria morte e, pensando claramente sobre isso, tentar minimizar o sofrimento que ela pode trazer. Contudo, em nenhuma dessas maneiras nós poderíamos superá-la.

O Dalai Lama, no prefácio de
The Tibetan Book of Living and Dying

O primeiro objetivo principal deste livro é mostrar como o trabalho com vidas passadas pode melhorar a sua vida atual — o tema dos Capítulos 3 e 4. O segundo é mostrar como poderíamos diminuir o medo da morte — o tópico deste capítulo.

Muitas pessoas vivem suas vidas com medo da morte. O que precisamente elas temem? Talvez essa seja uma questão sem resposta; mas, se estivermos dispostos a fazer uma tentativa, entre muitas outras coisas, é como se as pessoas temessem:

- o processo real ou experiência da morte;
- que a morte seja a aniquilação ou, senão, que depois da morte elas irão sofrer terríveis castigos por erros cometidos nesta vida;

- que, ao final da vida, elas irão deixar muitos projetos interrompidos;
- a separação permanente de pessoas amadas.

Como dissemos na Introdução, muitas teorias surgiram para tentar responder à pergunta *"O que me acontecerá depois da morte?"* Todas elas oferecem afirmações sobre alguns ou todos esses aspectos, mas todas o fazem de maneiras ligeiramente diferentes.

Algumas das maneiras com que a crença na reencarnação ajuda a diminuir o medo da morte são baseadas na esperança de que:

- a morte não será o fim para mim;
- em vidas futuras, terei a chance de corrigir os erros cometidos nesta vida, por meio das leis do karma, e terei a chance de acabar projetos interrompidos;
- nas próximas vidas terei a chance de estar reunido com as pessoas que amo;
- terei a chance de evoluir até um estado de perfeição espiritual, ou de beatitude, pelas leis do karma.

É claro que a reencarnação pode oferecer essas esperanças confortáveis, mas isso não significa que seja verdade. Como vimos no Capítulo 2, a reencarnação não pode ser provada, mas cada um de nós pode ter acesso às evidências para ver pessoalmente se as consideramos convincentes. No Capítulo 2, também mencionamos que muitos tipos de evidência apontam para a verossimilhança de um pós-vida, incluindo os muitos relatos de experiências de quase-morte. Agora é tempo de examinar esses relatos mais de perto – entre outras coisas, eles sugerem que, o que quer que nos espere após a morte, não precisamos temer o processo ou experiência da morte em si.

Experiências de morte e experiências de quase-morte (NDEs)*

Experiências de quase-morte (NDEs) são muito comuns e atravessam culturas — isto é, elas foram narradas por pessoas de todo o mundo, de todas as crenças religiosas ou de nenhuma. Idade e sexo são também irrelevantes a essa experiência. O fenômeno atraiu a atenção de psicólogos e pesquisadores, em sua maioria dos Estados Unidos, onde as análises estatísticas mostram que mais de 15% da população pensa que já teve uma experiência de quase-morte. Então, o que são elas? E o que elas podem nos dizer sobre como deve ser sentir a morte?

Pesquisadores descobriram que algumas semelhanças aparecem repetidamente nos relatos de pessoas que estiveram próximas da morte mas que foram salvas, e então puderam nos dizer o que sentiam no momento. Isso possibilitou a essas pessoas traçar um esquema das características comuns de uma experiência de quase-morte — para tanto, é importante nos darmos conta de que os estágios descritos nem sempre acontecem na mesma ordem, e de que poucas pessoas entram em contato com todos esses estágios. Mas quase todos que já tiveram uma experiência de quase-morte irão reconhecer alguns estágios na apresentação a seguir (adaptada de *The Truth in The Light*, de Peter e Elizabeth Fenwick — veja "Leituras Complementares" para mais detalhes):

· **sentimentos de paz** — sentimentos de paz, prazer e êxtase. Todas as sensações de dor física desaparecem;
· **fora do corpo** — um sentimento de que se está deixando o corpo, elevando-se acima dele, sem peso e flutuando. É possível enxergar o corpo de um ponto objetivamente vantajoso, talvez junto do teto;

---

* O grande número de pesquisas sobre essas experiências cunhou a sigla NDEs (*Near-death experiences*) em língua inglesa. (Nota do tradutor).

80 A REENCARNAÇÃO E VOCÊ

- **dentro do túnel** – passando por um túnel sem fazer nenhum esforço físico; no final desse túnel está um pequeno ponto de luz, que age como um magneto, atraindo a pessoa;
- **aproximação da luz** – esta é branca ou dourada, muito brilhante, mas não ofuscante;
- **Ser da luz** – há uma presença na luz que é aconchegante, receptiva e amorosa;
- **a barreira** – algumas pessoas sentem que existe uma barreira entre elas e a luz, ou o Ser da luz. Há o sentimento de que elas não podem ultrapassar esse ponto;
- **outra região** – as pessoas dizem que visitaram outra região, ou que a viram de relance através da luz. É brilhantemente colorida e repleta de luz – freqüentemente um jardim;
- **encontros** – outras pessoas são encontradas, amigos ou parentes mortos ou vivos, ou estranhos. Algumas vezes elas acenam, outras vezes chamam a pessoa;
- **visões e previsões da vida** – as pessoas podem ver os acontecimentos de suas vidas lampejando atrás de si, ou elas podem ter previsões sobre suas vidas, de acontecimentos desconhecidos que parecem ocorrer no futuro. Algumas vezes dizem a elas que têm metas que foram deixadas para trás, pelas quais devem retornar para completar;
- **hora decisiva** – as pessoas querem ficar, mas se dão conta de que devem retornar. Algumas vezes são mandadas de volta pelo Ser da luz, ou pela pessoa que encontraram. Então não podem mais atravessar a barreira;
- **retorno** – voltando pelo túnel, ocupam novamente o próprio corpo;
- **conseqüência** – a experiência de quase-morte é reconhecida como um eixo central, uma experiência que muda e dá novo vigor à vida. Na prática, todos relatam que a partir desse momento não têm mais medo da morte, embora não queiram propriamente morrer.

MORTE – DESTA VIDA PARA O DESCONHECIDO   81

As experiências de quase-morte são apenas o produto de um cérebro que está morrendo, como os céticos afirmam? Como podemos responder a essa pergunta? Em primeiro lugar, nós sabemos muito pouco sobre a mente, o cérebro e os limites da consciência. Em segundo lugar, como os médicos podem ampliar esse conhecimento criando experimentos capazes de monitorar as atividades de um cérebro que está morrendo?

Dada a escala de projetos de pesquisa, a consistência de relatos sobre experiências de quase-morte e o número de pessoas que as relataram — incluindo-se pessoas que antes eram profundamente céticas em relação à possibilidade de haver qualquer espécie de pós-vida — sugerem pelo menos que essas experiências envolvem contatos autênticos entre algum elemento das pessoas e algum tipo de realidade, assim como são o resultado da falta de oxigênio nas células nervosas.

Encontros — guias e almas gêmeas

Uma característica comum em relatos de experiências de quase-morte é a particularmente valiosa observação — *outras pessoas deverão ser encontradas, pessoas vivas ou mortas, amigas ou parentes, ou estranhas. Algumas vezes elas acenam, outras vezes respondem ao aceno da pessoa.*

Guias

A crença de que, quando morrermos, nos encontraremos com um grupo de guias que nos levarão ao próximo estágio de nossa jornada espiritual é muito antiga. Lembram-se da passagem do *Fédon* de Platão, que citamos no Capítulo 1?

Agora diz-se que, quando um homem morre, o espírito encarregado dele enquanto estava vivo leva-o a um certo lugar, onde as pessoas reunidas devem submeter-se a um julgamento, e então partem para o Hades com o guia designado para conduzir as pessoas deste mundo para o outro; e quando elas lá tiverem conhecido o que precisam conhecer, e depois de terem estado lá pelo tempo requerido, outro guia as carregaria de volta para cá durante muitos e longos ciclos de tempo.

É quase como imaginar que guias são escolhidos para conduzir as pessoas deste mundo ao próximo durante longos períodos, até as almas gêmeas se juntarem num tipo de dança ou espiral de estados encarnados e desencarnados.

Pode parecer natural identificar os guias com anjos da guarda — seres espirituais que têm um interesse especial por nós e acabam intervindo em nossas vidas em momentos de crise extrema, e que estão dispostos a nos receber em outra região depois da morte. Entretanto, os gregos não acreditavam que guias pudessem passar seguramente entre o mundo deles e o nosso — a única exceção seria o deus Hermes.

Almas gêmeas

O que são almas gêmeas? São pessoas especiais — pessoas cujas histórias em vidas passadas se interligam com as nossas próprias histórias nesses tempos, pessoas que são importantes para nós nesta vida, e cuja permanência em vidas futuras deverão estar ligadas às nossas próprias passagens nos tempos que virão.

Podemos ter uma alma gêmea, ou muitas — embora algumas pessoas prefiram falar em almas tribais, realçando a multiplicidade, em vez de almas gêmeas, que enfatizam a individualidade. Em qualquer vida, almas gêmeas podem ser de diferentes gerações e alimentar diferentes tipos de relacionamentos conosco — pais e filhos, irmãos e irmãs, amantes, etc. Através de vidas elas alternam entre encarnações masculinas e femininas, assim como deve acontecer conosco, e mesmo que seu sexo se mantenha constante, sua aparência deve se modificar enormemente de uma vida para outra. Assim como nossas diferentes encarnações podem estar geograficamente muito separadas, ocorre o mesmo com nossas almas gêmeas – nós iremos nos encontrar, não importando as barreiras geográficas.

Assim como pode ser difícil trazer vidas passadas à consciência, também pode ser difícil reconhecer nossas almas gêmeas. Devemos estar atentos à sua presença num sonho de reencarnações, por uma intuição ou por uma grande sensação de *déjà vu*, estimulada por uma única olhadela ou por um simples toque. Encontrar nossas almas gêmeas pode trazer um profundo sentimento de paz, contentamento e felicidade – até mesmo uma sensação de êxtase.

A possibilidade das almas gêmeas mantém a esperança de que iremos nos reencontrar muitas e muitas vezes com aqueles que amamos em diferentes vidas e em diferentes contextos. Mas isso é muito mais do que uma esperança? Almas gêmeas realmente existem? Assim como no caso da reencarnação, não existem provas imediatas e concretas tanto para uma quanto para a outra crença. A evidência é testemunhal, e podemos ter acesso a isso utilizando os testes relacionados no Capítulo 2. Dito isso, histórias de muitas pessoas resistem mesmo às análises mais vigorosas. Releia o que Mary tem a dizer sobre almas gêmeas no Capítulo 4, e então leia este típico estudo de caso. Você está convencido?

Estudo de caso — John e Gloria

John é um executivo de meia-idade que trabalha numa empresa farmacêutica. Ele encontrou Gloria pela primeira vez quando ela apareceu para trabalhar como sua secretária. Ela também é de meia-idade e, como ela mesma admite, não é especialmente bonita. Contudo, John ficou completamente obcecado por ela. Inicialmente, ela não correspondeu a essa obsessão. Ambos são de origem judaica, embora nenhum dos dois siga essa religião.

84 A REENCARNAÇÃO E VOCÊ

Por motivos inteiramente diferentes, John consultou um hipnoterapeuta. Uma vez em transe, ele começou a se lembrar de memórias de uma vida anterior na antiga Israel. Ele começou a falar uma língua estranha, que o terapeuta não compreendeu. Ele pediu a John que falasse em inglês e que dissesse a ele qual língua estava falando – era o hebraico.

John começou a falar de sua mulher Tszlila, descrevendo suas atividades cotidianas em seu pequeno pedaço de terra – semeando trigo, pastoreando, etc. O terapeuta conduziu-o então até que descrevesse outra vida anterior, dessa vez como um judeu na Europa medieval. John descreveu a hostilidade da maioria da população e as dificuldades que encontrou em continuar tranqüilamente sua vida. Novamente descreveu a ajuda de sua mulher, que dessa vez chamava-se Orlit. A aparência de Orlit casava quase que exatamente com a da Gloria dos dias de hoje. Quando ele veio analisar essas vidas passadas com o terapeuta, ficou firmemente convencido de que Gloria era a reencarnação de Tszlila/Orlit.

Pondo em risco sua reputação, ele expôs sua teoria a Gloria, que era cética mas não totalmente hostil. Ela admitiu que sempre teve um interesse passional pela história e arqueologia do antigo Oriente Médio. Depois de alguma argumentação ela concordou em ver se poderia se lembrar de alguma vida passada, sob hipnose, e testar a possível veracidade da idéia de John.

Gloria não se lembrou de vidas passadas na antiga Israel ou na Europa medieval. Mas ela reviu uma vida na Polônia, na virada deste século. Ela era uma judia, vivendo em condições aterradoras num gueto durante um dos massacres. Seu pai era um líder da comunidade judaica, razão pela qual sua família foi tratada com todo o rigor. Gloria foi capaz de fazer uma descrição física de seu pai – que se assemelhava a John em quase todos os detalhes.

Depois dessa experiência, Gloria, inclusive, ficou convencida de que ela e John de alguma maneira estavam ligados, e que isso significava que deveriam ficar juntos. Seis meses depois que John procurou pela primeira vez pelo hipnoterapeuta, John e Gloria casaram-se numa cerimônia simples e foram para a atual Israel passar sua lua-de-mel.

Ambos estão convencidos de que têm um destino em comum, e de que há alguma razão ou significado por trás de seu casamento.

Morte: o aprendizado do Oriente

Embora a morte seja um tema muito amplo por si mesmo, é válido apreciar brevemente as diferenças entre as atitudes do Oriente e do Ocidente em relação à morte.

No Ocidente, pelo menos até o passado recente, costumamos alimentar-nos com doutrinas amedrontadoras de salvação e castigo — a doutrina dos escolhidos, que irão viver em eterna bem-aventurança após a morte, e o resto, fadados ao eterno tormento. Pintamos quadros deprimentes do purgatório, e temos desenvolvido imagens aterrorizantes do inferno. Todos esses fatores devem ter contribuído para a apreensão de muitas pessoas diante do prospecto da morte.

Mesmo que essas doutrinas tenham sido abandonadas, muitos ocidentais se esforçam para manter uma atitude de esperança em relação à morte e ao morrer. A tecnologia e os avanços na medicina capacitam-nos a lutar contra a morte, mesmo em casos desesperadores — parece que esquecemos o antigo provérbio que diz: *Não matarás, mas não deverás empenhar-te oficiosamente para manter a vida.* Essas atitudes estão mudando, e o movimento dos asilos é um alívio para todos nós. Mas, para muitos de nós no Ocidente, é melhor que a morte não seja mencionada e, em último caso, deve ser temida. Pensamos na morte como algo totalmente separado da vida, com um golfo insuperável entre as duas.

No Oriente, é mais fácil às pessoas viverem aceitando a morte. Crenças positivas sobre a possibilidade de existirem recompensas em vidas futuras por erros cometidos nesta vida, via karma — a lei moral da causa e do efeito que rege as ações humanas —, tomam o lugar das crenças sobre o inferno e a redenção. A morte e o morrer não são temas a serem ignorados, conquanto sejam de particular importância porque integram o ciclo dos renascimentos e, assim,

86 A REENCARNAÇÃO E VOCÊ

estão ligados diretamente ao nascimento. Antes de ser um fim, a morte para os orientais é o acontecimento na corrente das causas e dos efeitos que torna possível o renascimento. Na verdade, de um modo que é difícil compreender, da perspectiva das pessoas iluminadas, a morte e a vida são vistas como uma só coisa. A citação do Dalai Lama ilustra diretamente o modo como os budistas acreditam na morte como ligada ao renascimento — o Dalai Lama morre e reencarna no tulku.

Os interessados em explorar as idéias orientais sobre a íntima ligação entre a morte e a vida poderiam talvez começar pela leitura de qualquer edição de *The Tibetan Book of The Dead** e de *The Tibetan Book of Living and Dying*, de Sogyal Rinpoche, e usá-los como base para estudos complementares.

Resumo

Podemos temer a morte e tentar ignorá-la, mas num certo momento, teremos de encará-la. Como em outros sistemas de crenças, a crença na reencarnação ajuda-nos a pensar sobre a morte e no que irá acontecer conosco depois dela. Este capítulo observou algumas das maneiras pelas quais a crença na reencarnação pode facilitar medos específicos em relação à morte. A reencarnação sugere que a morte não será o fim para nós e que teremos a chance, em vidas futuras, de compensar erros cometidos nesta vida e em vidas passadas. Relatos de experiências de quase-morte sugerem que não precisamos temer a experiência da morte. A possibilidade da existência das almas gêmeas sugere que não precisamos temer a separação entre pessoas que se amam. No Ocidente, podemos aprender muito com as atitudes dos orientais em relação à morte.

---

* *O Livro Tibetano dos Mortos*, publicado pela Editora Pensamento, São Paulo, 1985.

Exercícios

Os exercícios a seguir foram criados para estimular a contemplação da morte:

1. Pegue o álbum de fotos de sua família. Olhe através das fotos, observando todos os que já morreram. Pense nessas pessoas, tente se lembrar de ocasiões que vocês passaram juntos, de histórias sobre essas pessoas, de lembranças, etc.

2. Visite um cemitério; leve uma caderneta e anote as suas impressões. Como é o ambiente? Como esse lugar faz você se sentir? Que sentimentos são evocados pela leitura das inscrições nos túmulos?

3. Você conhece algum asilo na sua cidade? Você poderia considerar a possibilidade de fazer um trabalho voluntário nesse lugar, ou de ajudá-lo de alguma outra forma?

4. Mantenha os olhos atentos sobre a mídia, sobre histórias de casos nas quais médicos têm de fazer esforços heróicos para manter as pessoas vivas (por exemplo, pessoas num estado permanentemente vegetativo). O que você pensa sobre esses casos? Você poderia elaborar os argumentos de cada posicionamento?

5. No *The Tibetan Book of Living and Dying,* Sogyal Rinpoche afirma que a contemplação da morte não precisa ser mórbida ou assustadora — ele sugere que devemos contemplar a morte num feriado ou quando estivermos relaxados e bem a cômodo, deitados numa cama.

6

Vidas futuras

Tempo presente e tempo passado
Ambos talvez sejam presente no tempo futuro,
E o tempo futuro está contido no tempo passado.

T. S. Eliot, *Four Quartets, Burnt Norton*

Consideraremos agora o impacto de vidas passadas sobre a nossa vida atual, e observaremos a importância central da morte. É hora de olhar para o futuro e tentar encontrar nosso terceiro objetivo, que era mostrar como podemos tentar garantir que nas nossas vidas futuras seremos melhores do que somos nesta vida, e que faremos mais do que fizemos até agora.

O karma e as vidas futuras

O mecanismo pelo qual podemos influenciar nossas vidas futuras é, sem dúvida, o karma. Lembre-se de que karma significa que o que quer que façamos terá um resultado moral correspondente, tanto nesta vida como em vidas futuras. De acordo com o karma, no dia-a-dia, atitudes práticas, seja quando agimos, pensamos ou falamos negativamente, terão resultados negativos ou dolorosos para nós. E quando agimos, pensamos ou falamos positivamente, isso teria resultados positivos para nós. Repita o exercício apresentado na Introdução se você ainda tem alguma dificuldade em relação a essa idéia.

Algumas vezes os resultados de nossas ações podem levar muitos anos para serem revelados — mesmo no decorrer de uma única vida. No tempo em que conhecermos os resultados, deveremos já ter nos esquecido das ações originais. Se os resultados de nossas ações forem protelados para vidas futuras, então torna-se ainda mais difícil ponderar sobre as causas morais — essa é uma das razões por que tão freqüentemente atribuímos as circunstâncias de nossas vidas às oportunidades. Mas chamar algo de oportunidade é dizer apenas que não podemos identificar sua moral, sua causa kármica. A chance é uma ilusão, e se aceitarmos o fato, se aceitarmos que o karma irá determinar as circunstâncias de nossas vidas futuras, então poderemos usar esta vida para trabalhar nesse sentido.

Podemos prever vidas futuras?

Se aceitarmos que teremos vidas futuras, e que podemos influenciá-las pelo que fazemos agora, então a próxima pergunta óbvia a respeito é se podemos prever o que virá às nossas consciências durante esta vida. Podemos, talvez, com graus variados de dificuldade, trazer lembranças do passado à consciência. Há maneiras semelhantes de se trazer vidas futuras à consciência?

Essa pode parecer uma idéia bizarra e, além disso, relatos de previsões sobre vidas futuras são mais raros do que depoimentos sobre vidas passadas. Entretanto, a razão pela qual achamos essa idéia bizarra é porque estamos presos ao conceito de tempo linear.

O tempo e as vidas futuras

Se pensarmos no tempo como movimento em uma única direção, seguindo uma linha reta, fica muito mais claro que teremos

VIDAS FUTURAS 91

dificuldade com a noção de reencarnação em geral, e com o pensamento de entrar em contato com vidas futuras em particular. Podemos aceitar apenas que já vivemos e que podemos trazer lembranças de vidas passadas à consciência, porque esse tempo já passou; mas como podemos entrar em contato com vidas futuras, se esse tempo ainda não chegou? Se você sente esse tipo de dificuldade, por que não experimentar alguns pensamentos bem simples?

- o que aconteceria se o tempo andasse para trás? Se um homem de 90 anos estivesse se movendo para trás na vida, até seu nascimento e além?
- E se os períodos de tempo se repetissem infinitamente, e cada um de nós tivesse que passar por experiências em sucessivos períodos de 24 horas como se fossem essencialmente a mesma coisa?
- E se o tempo fosse circular? Isso poderia tornar a reencarnação uma crença do senso comum; poderia ser óbvio às pessoas que vivessem num mundo onde o tempo fosse circular que cada um deles nasceria, morreria e renasceria.
- E se o tempo tivesse a forma de uma onda sinuosa? E se os pontos altos e os baixos representassem a destruição e o renascimento do universo? Se o tempo fosse assim, seria natural acreditar que vivemos e morremos num ciclo do universo. E vivemos e morremos no próximo ciclo, e no próximo...

Essas possibilidades podem estar todas erradas, mas são possibilidades. E se é possível pensar sobre o tempo de maneira diferente da que comumente fazemos, então é possível pensar sobre nós mesmos de maneiras diferentes. Nós costumamos pensar em nós mesmos como seres limitados ao presente. Mas mesmo uma breve discussão sobre o karma mostra que existem maneiras de pensar sobre nós mesmos como extensões do passado, do presente e do futuro, novas maneiras de pensar que são reforçadas por diferentes modelos de como o tempo pode trabalhar. Se pudermos desenvolver essas mudanças de conceitos, então talvez possamos integrar o pensa-

92 A REENCARNAÇÃO E VOCÊ

mento de que nós poderíamos ser capazes de entrar em contato com vidas futuras? E se pudermos compreender essa idéia, então talvez possamos ir em busca de provas. Existe alguma evidência de que pessoas realmente tenham previsto eventos de vidas futuras? E que mecanismos elas poderiam ter usado para fazê-lo?

Perguntas para a avaliação da saúde mental

Não busque antecipar vidas futuras se você responder afirmativamente a uma das perguntas a seguir. Para uma explicação completa dessa lista de conferência de saúde mental, veja por favor a página 47.

♦ Você normalmente sofre de alguma perturbação mental? Isso se aplica caso você esteja ou não sob cuidados profissionais ou tomando algum medicamento.

♦ Você já sofreu alguma enfermidade mental no passado?

♦ Você costuma cair em depressão? Ou a sua depressão normalmente está associada a algum acontecimento em particular, como, por exemplo, a depressão pós-natal?

♦ Você geralmente está ansioso?

♦ No momento, você está estressado por algum motivo?

♦ Você sofreu recentemente alguma perda importante?

♦ Você está preocupado ou com medo de rever acontecimentos de vidas passadas?

Lembre-se de que prever eventos de vidas futuras não nos afasta necessariamente da nossa vontade própria ou das responsabilidades de nossas ações. Inerente à noção de karma está a noção de que cada um de nós escolhe cada uma de nossas ações e é responsável por elas. A cada momento temos o poder de mudar nossas mentes sobre o que iremos fazer. O futuro que prevemos pode não ser aquele que virá, e em qualquer momento entre o agora e o depois temos de decidir agir, de uma maneira que mude a história do futuro.

No Capítulo 3 observamos os três tipos de mecanismos pelos quais as pessoas normalmente podem começar a recordar memórias escondidas de vidas passadas:

* visões recorrentes;
* *déjà vu*;
* sonhos sobre reencarnação.

Acrescentando, nós observamos a auto-hipnose, uma técnica mais formal de se recordar vidas passadas.

Visões recorrentes e sonhos sobre reencarnação também nos permitem prever eventos de vidas futuras. No caso do futuro, o *déjà vu* é substituído pela precognição — o conhecimento antecipado. Todas essas três experiências, que se sobrepõem de alguma maneira, podem ser unidas na auto-hipnose para nos capacitar a começar a exploração do futuro.

Visões recorrentes

No Capítulo 3, consideramos apenas a possibilidade de que as visões recorrentes pudessem nos oferecer lampejos do passado. É igualmente possível que elas possam nos oferecer lampejos de um futuro distante? Isso não seria possível se o tempo fosse linear; mas pode ser o caso se o tempo for cíclico, espiralado ou o que seja. Como você poderia reconhecer que uma visão recorrente mostrou o futuro distante, e não o passado? Essa é uma questão subjetiva que só pode ser respondida no nível pessoal: mas o caso seria outro se as suas visões se caracterizassem tecnologicamente por algo mais avançado do que a tecnologia disponível atualmente; se a aparência da arquitetura fosse diferente de qualquer padrão já visto na história humana; se houvesse cenas de devastação que não poderiam ter sido causadas por qualquer método bélico conhecido, ou qualquer perigo ambiental conhecido; se surgissem visões de mundos que obviamente não são a Terra, etc. Neste livro, visões recorrentes de um futuro próximo são tratadas como precognição.

O que você pode fazer

Se você suspeitar que teve uma visão recorrente de um futuro distante, pergunte-se por que você acha que ela mostra o futuro e não o passado. Tente descobrir explicações alternativas para o que você está vendo. Essas cenas que você vê poderiam estar baseadas em filmes ou livros? Se você continuar convencido de que está realmente enxergando um futuro distante, escreva uma descrição detalhada de sua visão, fazendo-a do modo mais preciso possível. Você não será capaz de fazer uma pesquisa sobre a fonte provável ou a precisão de suas visões, como poderia fazer com visões do passado, mas por que não deixar suas anotações num local relativamente seguro e confiável? Então, em algum momento do futuro, se você conseguir trazer à consciência esse fato do passado e se lembrar de onde colocou as anotações, você — isto é, um de seus eus futuros — poderá encontrá-las e testar o acerto da sua visão.

Precognição

Você alguma vez já sentiu que era certo que determinado evento acontecesse, e então descobriu que aconteceu, mesmo que você não pudesse explicar esse sentimento e não tivesse nenhuma maneira óbvia ou racional de prever o evento? Em caso afirmativo, você passou por uma experiência de precognição.

Precognição é a aquisição inexplicada de conhecimentos sobre eventos que fazem parte de um futuro relativamente próximo; essa aquisição não pode ser explicada porque não existem razões relevantes que poderiam ter ajudado a pessoa a prever esse evento. Relatos de precognições são freqüentes, particularmente em relação a desastres iminentes. O famoso naufrágio do *Titanic* produziu muitos relatos retrospectivos de visões premonitórias e sensações sobre o desastre iminente; do mesmo modo, sempre que um avião cai, as pessoas dizem que haviam previsto o acidente. Incidentes menos dramáticos também são comuns — na falta de uma evidência relevante, as pessoas predizem corretamente que irão mudar de casa dali a dois anos, que seu parceiro será promovido numa determinada data ou que irão passar no teste para motorista na quinta tentativa.

Como chegamos a esses sentimentos? Talvez porque teríamos momentos efêmeros de união com nosso eu futuro, de cuja perspectiva esse evento ainda estaria no passado; momentos que seriam lembrados vividamente quando relacionados com situações de grande *stress*, de crise ou perigo? Nós estaríamos antecipando nossas memórias futuras?

Um tipo particular e importante de precognição é o sonho premonitório. Trata-se de uma experiência conhecida sonhar com algum evento específico, e simplesmente ver o evento acontecer logo depois. Mulheres que ainda não estão grávidas freqüentemente contam que estão tendo sonhos muito vívidos nos quais elas vêem um bebê em particular, e então, às vezes, anos depois, quando têm a criança, reconhecem que o sonho previu exatamente esse bebê. Alternativamente, mulheres podem ter uma visão recorrente de um futuro filho.

O que você pode fazer

O interessante na precognição é que, por causa de sua relação com um futuro próximo, podemos facilmente testar sua veracidade. Todos nós, provavelmente, muitas vezes temos tido contato com precognições — mesmo que não estejamos conscientes do que está acontecendo. Freqüentemente a precognição estará relacionada com problemas mundanos. Tente, por algumas semanas, gravar qualquer instância de sensações premonitórias que você venha a ter, por mais trivial que o fato possa parecer. Se você guardar essas anotações, você será capaz de testar a veracidade de suas impressões quando chegar a hora. No caso de se mostrarem verdadeiras, algum padrão se destacou? Todas as experiências estão relacionadas com tipos particulares de acontecimentos, ou com certos locais ou pessoas? Você tem alguma sensação de que está mantendo contato com o seu próprio eu, em algum tempo futuro, quando você está vendo os acontecimentos como se eles ainda estivessem no passado? Se você tiver um sonho que imagine ser desse tipo, faça anotações logo que acordar. Mais uma vez, você terá um arquivo permanente, com o qual poderá testar a exatidão de suas precognições.

Sonhos sobre reencarnação

Você pensa que está sonhando regularmente com o futuro? Sendo assim, releia a seção de sonhos de reencarnação no Capítulo 3. Pense cuidadosamente sobre as razões que o levam a pensar que esses sonhos são sobre o futuro. Sonhos sobre reencarnação relacionados com o futuro relacionam-se com um futuro distante; por isso, não podemos testar sua veracidade nesta vida.

O que você pode fazer

Os seus sonhos acontecem em grupos e são vistos do ponto de vista de um observador oculto? Há explicações alternativas para esses sonhos? Se estiver convencido de que está sonhando sobre o futuro, então comece um diário de sonhos para que você possa anotar detalhes relevantes de sonhos assim que acordar. Releia trechos logo antes de ir dormir, e diga a si mesmo que essa noite você terá um sonho sobre reencarnação. É provável que essas técnicas vão preparar seu subconsciente para que revele mais à sua mente consciente.

Técnicas de auto-hipnose e ajuda profissional

Assim como para recordar lembranças de vidas passadas — uma vez que você pense que está começando a prever experiências de vidas futuras ou a fazer contato com seus futuros eus por meio de visões recorrentes, precognição, sonhos sobre reencarnação ou uma combinação destes — você deve querer aprofundá-los mais tarde, usando técnicas de auto-hipnose. Releia o texto sobre auto-hipnose no Capítulo 3 e siga os mesmos procedimentos, substituindo todas as referências ao passado por referências ao futuro.

É improvável que você consiga ajuda profissional para contatar vidas futuras tão facilmente como você conseguiria ajuda de hipnoterapeutas qualificados que aplicam a terapia de regressão a vidas passadas.

Como o contato com vidas futuras pode ajudar nesta vida?

Iniciamos este capítulo nos perguntando sobre como poderíamos utilizar nossa vida atual para tentar assegurar que nossas vidas futuras sejam melhores. Agora passamos à questão oposta — como nossos eus futuros podem nos ajudar nesta vida?

Quando falamos sobre guias que conduzem os recém-mortos numa região que existe entre uma vida e outra, mencionamos que em muitas culturas, esses guias podem ser identificados com os anjos da guarda. Esses anjos muitas vezes se fazem conhecidos por nós em períodos de grande crise moral, física ou espiritual. Do mesmo modo, analisando a precognição, mencionamos que as experiências premonitórias mais vividamente impressas na nossa consciência foram aquelas relativas a eventos de grande perigo.

Em ambos os casos, a noção de proteção psíquica é muito forte. Talvez existam seres espirituais e mecanismos psíquicos desenvolvidos para nos oferecer proteção nesta vida. Talvez nossos eus futuros desempenhem esse tipo de papel? Pense num cão pastor, sempre alerta aos possíveis perigos que passa o seu rebanho, e preparado para saltar e atacar em qualquer ameaça. Provavelmente nossos eus futuros são como cães pastores, e nosso eu atual, e cada um de nossos eus passados, formem o seu rebanho? Esse rebanho em parte é também nosso, se cada um de nós for um eu futuro de muitas vidas passadas. Isso talvez pudesse explicar por que tantas lembranças de vidas passadas se caracterizam como eventos dramáticos. Provavelmente, em momentos de extrema crise, nossos eus passados tiveram previsões desses eventos na nossa vida atual e em outras vidas futuras, chegando a elas através do tempo para oferecer o máximo de segurança que puderem. Talvez seja essa colisão de consciências que conduz à verossimilhança das impressões mentais? Quem sabe? Isso é pura especulação, mas é um pensamento interessante com o qual concluímos essa discussão sobre vidas futuras e o tempo.

Resumo

Neste capítulo, observamos nossas vidas futuras — como podemos trabalhar agora para assegurar que nossas vidas futuras sejam boas; como poderemos ser capazes de contatar eus futuros e como nossos eus futuros podem nos ajudar agora. Algo disso pode ser contra-intuitivo, muito mais do que no trabalho com vidas passadas. Isso acontece porque no Ocidente usualmente pensamos no tempo como algo linear, mas outros modelos de tempo são possíveis; se pudéssemos estar abertos a essas possibilidades, poderíamos nos libertar do trabalho com vidas futuras, e traçar todos os possíveis benefícios de se completar a continuidade do passado, do presente e do futuro.

Exercício

Este exercício exigirá que você pense cuidadosamente sobre as suas vidas futuras.

Em alguns casos a tarefa é muito simples: apenas sente-se e escreva uma carta a seus eus futuros. Diga a eles sobre a sua vida atual e outras lembranças que você tenha de vidas passadas. Como você usou esta vida, ou como você planeja usá-la, para torná-las — suas vidas futuras — melhores? O que significa melhores para você? Que esperanças você tem em relação a elas e quais são esses temores? Se elas puderem trazer-lhe memórias de sua vida atual à sua consciência, como você gostaria que se lembrassem de você? O que você gostaria que esquecessem?

Este deve ser um documento muito particular. Uma vez tendo-o escrito, você poderá querer destruí-lo ou guardá-lo em algum lugar na esperança de que um dia um de seus eus futuros o encontre.

7 Perguntas que você tem de fazer, respostas que você precisa receber

Nós aprendemos as respostas, todas as respostas:
essa é a questão que desconhecemos.

MacLeish

Damos agora breves respostas para algumas das perguntas mais comuns formuladas sobre a reencarnação.

Pergunta: Se a alma pode ser reciclada, assim como foi, e é verdade que hoje há mais pessoas vivas do que já viveram no passado, isso significa que existem algumas pessoas à nossa volta que não têm uma alma?

Resposta: Essa questão depende particularmente do que entendemos por alma (alma, em si, é uma palavra que tentamos evitar neste livro). A força da questão depende de entender-se cada alma como um tipo especial de algo individual, que se torna um ser, ou é destruído, como outras coisas. Mas, na Introdução, falamos que existe outra compreensão sobre a formação de uma pessoa que é importante — uma compreensão que trata esse importante elemento como uma unidade de consciência. Como seria desfazer essa unidade da

102 A REENCARNAÇÃO E VOCÊ

consciência multiplicando-a em vários ramos. Se for possível que a alma se divida, então muitas pessoas podem compartilhar memórias de uma vida passada, e não haveria necessidade de se supor que as pessoas que vivem atualmente não têm alma — mas seria possível que muitas pessoas pudessem compartilhar um mesmo antepassado psíquico.

Pergunta: As pessoas falam de um lugar onde nós existimos entre uma encarnação e outra — onde esperamos, depois da morte, que nossa próxima vida inicie. Como deve ser esse lugar?

Resposta: Os relatos de experiências de quase-morte oferecem algumas pistas — *as pessoas dizem que visitaram outra região, ou que a viram de relance através da luz; é brilhantemente colorida e cheia de luz. De ambiente freqüentemente pastoral, ou um jardim.* É claro, isso acontece considerando-se a palavra *região* literalmente; como seria se interpretássemos isso mais livremente como um *estado*? O estado no qual existimos entre uma vida e outra pode ser de incertezas, mas também de grandes oportunidades — tanto a incerteza quanto as oportunidades emergindo das possibilidades da contínua evolução espiritual. Por que ela cessaria, apenas porque estamos mortos? E então despertamos numa nova vida depois.

Pergunta: Por que nos esquecemos de tudo o que aprendemos numa vida anterior antes de reencarnarmos em uma nova vida? Por que é tão difícil ter lembranças de vidas passadas?

Resposta: Você também poderia perguntar: *por que deveríamos lembrar*. Na vida, esquecemo-nos de coisas o tempo todo. Pode alguém de 80 anos se lembrar de todos os acontecimentos de sua infância? Você pode se lembrar de todos os acontecimentos da semana passada? Nós nos esquecemos das coisas, mesmo no decorrer de uma vida. Mas, quando você considerar que vidas em períodos diferentes são separadas pelos eventos traumáticos da morte e do nascimento, eventos que a maioria das pessoas admitiria ser suficientemente forte para modificar tudo na mente, não é surpreendente que memórias

PERGUNTAS QUE VOCÊ TEM DE FAZER... 103

de uma vida se ocultem após outra. Obviamente, se estivermos dispostos a *aprender* com vidas passadas, também deveremos ser capazes de recordá-las.

Pergunta: Somos a mesma pessoa nas diversas vidas?

Resposta: Se você entender que o que sobrevive à morte é um tipo de continuidade de consciência, e não algum tipo de objeto, e então dizer que podemos nos lembrar, rever, reunir — ou seja como for — eventos e sentimentos de diferentes vidas, não é o mesmo que dizer que somos as mesmas pessoas que aquelas que viveram em tempos passados. Há um grau de continuidade entre nós, mas nada mais. Cada um de nós que está vivo é uma pessoa em especial, que está aqui para fazer desta vida o que quiser. Podemos aprender com o passado e preparar-nos para o futuro, mas tudo o que temos de viver está no presente.

Pergunta: As pessoas podem encarnar em diferentes e distantes partes do mundo?

Resposta: Parece que não há limites para os lugares onde as pessoas reencarnam. São inúmeros os relatos de pessoas que viveram diversas vidas em diferentes partes do planeta — assim como existem relatos de pessoas que alternaram vidas entre a masculinidade e a feminilidade, entre a beleza e a feiúra, etc.

Pergunta: Temos de esperar depois da morte que decorra um certo tempo antes de reencarnarmos?

Resposta: Algumas tradições acham que devemos esperar por um período mínimo de tempo antes da reencarnação seguinte, para dar tempo à nossa evolução espiritual durante existências entre vidas e para nos prepararmos para uma próxima vida.

Pergunta: E sobre a criogenia, onde o corpo de uma pessoa, ou apenas a cabeça é congelada, na esperança de que as ciências médicas um dia sejam capazes de ressuscitá-la? Se preservarmos o corpo, o que isso irá fazer com a possibilidade de uma nova reencarnação?

104   A REENCARNAÇÃO E VOCÊ

Resposta: Aqui está a resposta dada no *The Tibetan Book of Living and Dying*:

A consciência de uma pessoa não pode entrar em outro corpo novamente enquanto o outro não estiver realmente morto. A crença de que um cadáver é mantido para uma ressurreição futura pode... aprisionar a consciência de uma pessoa numa ligação tragicamente intensificada para o corpo, e então... bloquear o processo de renascimentos.

Pergunta: Como seria se, pela terapia de regressão a vidas passadas, ou por meios semelhantes, eu descobrisse que fui uma pessoa muito perversa?

Resposta: Cada um de nós provavelmente comportou-se maldosamente no passado, e as ondulações dessa maledicência se refletirão nas circunstâncias da nossa vida atual, por meio do karma. Mas nós podemos usar esta vida como uma força do bem, tentando compensar os erros cometidos no passado, num processo que pode continuar em vidas futuras. Nosso subconsciente não nos deixará recordar de vidas passadas e de suas maldades a menos que estejamos preparados para utilizar esse conhecimento e integrá-lo em nossas vidas, para o bem.

Pergunta: O que acontece se se fica senil antes de morrer?

Resposta: Outra vez, se você pensar no aspecto da pessoa como algum tipo de continuidade psicológica, então você pode imaginar que essa rede de consciência flui até o estado entre vidas, e não até o momento da morte física, mas em algum tempo anterior, antes da velhice se manifestar.

Pergunta: Falar sobre o karma não é apenas uma maneira de dizer que não somos realmente responsáveis pelas nossas ações — que tudo já está arranjado?

Resposta: Cada um de nós enfrenta escolhas todos os dias da vida. Cada um de nós é responsável por fazer essas escolhas e pelas conseqüências dessas escolhas. Não podemos fugir das responsabilidades

PERGUNTAS QUE VOCÊ TEM DE FAZER... 105

pessoais; o karma é um modo de pensar sobre essas responsabilidades, e de admitir a sua força, que tudo permeia — e não uma maneira de esquivar-se delas.

Pergunta: Você é da opinião de que todas as experiências de quase-morte são boas. Mas não existem relatos aterradores de experiências desse tipo?

Resposta: Sim, um ou dois relatos apareceram recentemente, nos quais pessoas tiveram a experiência de quase-morte "negra", onde a escuridão substitui a luz e forças negativas são aparentes. Entretanto, o número desses relatos é ínfimo, se comparado com os relatos de experiências de quase-morte que fortalecem a vida.

Pergunta: Se é verdade que todos temos almas gêmeas, ou almas tribais, porque estamos sozinhos tão freqüentemente? Por que somos tão incapazes de encontrá-las?

Resposta: Essa questão é praticamente impossível de se responder. Provavelmente, se não estivermos atentos à existência das almas gêmeas ou tribais, nós teremos de encontrá-las. Talvez em alguma vida específica nossas almas gêmeas se recusem a se revelar, por alguma razão. Provavelmente, inconscientemente, nós reconhecemos nossas almas gêmeas, mas nos recusamos a reconhecê-las conscientemente.

Pergunta: Pode o contato com vidas futuras explicar por que tantas pessoas são capazes de fazer grandes transformações conceituais, por exemplo modificando as bases da ciência ou da tecnologia?

Resposta: Sim, por que não? Se um estupendo pianista, um brilhante lingüista ou um matemático excepcional provavelmente herdaram seus talentos depois de muitas vidas passadas, por que não poderiam as inovações serem os resultados de lampejos intuitivos antecipados no tempo de eus futuros dessas pessoas?

Pergunta: Você acredita em reencarnação?

Resposta: Este livro apresentou diversas maneiras de pensar sobre o pós-vida. Cada uma delas tem argumentos, cada uma delas oferece diversos tipos de esperança. A única que examinamos profundamente foi a reencarnação. As evidências, do modo como se apresentam, não servirão de prova para nenhuma dessas teorias. Todas exigem um grau de convicção pessoal, se se quer aceitá-las. Cada um de nós tem de procurar as evidências, e decidir se nos convencemos ou não. Você, querido leitor, está convencido?

Leituras Complementares

Phaedo [Fédon], Platão — qualquer edição. Fala das idéias de Platão sobre a imortalidade da alma e os conceitos de nascimento, vida e morte.

Teach Yourself Buddhism, Clive Erricker, Hodder & Stoughton. Uma introdução geral ao Budismo.

The Tibetan Book of the Dead — qualquer edição (veja *O Livro Tibetano dos Mortos*, organizado por W.Y. Evans-Wentz, da Editora Pensamento). Texto clássico sobre as atitudes tibetanas em relação à vida, morte e renascimento.

The Tibetan Book of Living and Dying, Sogyal Rinpoche, Rider. Este livro apresenta as idéias tibetanas a um leitor ocidental, e inclui pesquisas modernas sobre a morte e o morrer.

Karma and Reincarnation, dr. Hiroshi Motomyama, Piatkus. O autor é um cientista e sacerdote xintoísta, que passa seus pensamentos sobre a evolução espiritual da humanidade.

The Truth in The Light, Peter e Elizabeth Fenwick, Headline. Uma investigação de mais de 300 experiências de quase-morte.

The Case Against Death, Richard Lazarus, Warner Books. Uma discussão sobre a reencarnação e outros fenômenos psíquicos.

In Search of The Dead, Jeremy Iverson, BBC Books. Escrito para acompanhar uma série televisiva, este livro oferece um estudo científico de evidências de vida após a morte.

Only Love Is Real, dr. Brian Weiss, Piatkus. A história de almas gêmeas reunificadas.

The Paranormal Source Book, Jenny Randles, Piatkus. Uma referência para pesquisas. Recomendado para reencarnação e precognição, entre muitos outros fenômenos.

Astral Projection — a beginner's guide, Richard Craze, Hodder & Stoughton.

Your Psychic Powers — a begginer's guide, Craig Hamilton-Parker, Hodder & Stoughton.